RADELZEIT IN & UM LEIPZIG

Herrlich entspannte Touren zum Runterschalten & Genießen

Kristin Kasten

KRISTIN KASTEN

... als Küstenkind bin ich steife Brisen gewöhnt. Starker Wind weht im fahrradfreundlichen Leipzig aber zum Glück nur selten. Und so brause ich gerne auf dem Sattel sitzend durch die Messestadt. Dass ich jetzt endlich auch das Umland mit dem Fahrrad erkundet habe, war ein echter Glücksfall. Unglaublich, wie schön meine Wahlheimat ist! Wenn ich nicht gerade Reisebücher schreibe, arbeite ich als Journalistin für Tageszeitungen und Magazine – oder entdecke mit meiner Familie die Welt.

Meine persönliche Radelweisheit:

» **Beim Radeln nicht reden – Fliegenalarm!**

LIEBE LESERIN, LIEBER LESER,

wie schön, dass Sie da sind! Dieses Buch soll Ihnen beim Planen Ihrer individuellen Radtour helfen. Die Strecken führen zu den Schlössern an der Mulde, an feine Sandstrände, durch die Tagebaulandschaften rund um Leipzig bis hin zu den Terrassenweinbergen in Freyburg. Lassen Sie sich von der Länge der Touren nicht abschrecken: Sie schaffen das! Dafür sorgen die vielen Stopps an der Strecke. An einsamen Badestellen, in Strandbars mit Südseefeeling, auf hohen Aussichtstürmen und weiten Wiesen können Sie die Seele baumeln lassen und Kraft tanken. Und am Wegrand werden Sie noch viel mehr schöne Orte entdecken – versprochen! Sie haben nur nicht alle in dieses Buch gepasst.

Eine herrlich entspannte Radelzeit wünscht

Kristin Kasten

INHALT

UND SONST SO?

UNTERWEGS AUF DEN SCHÖNSTEN STRECKEN …

IDYLLE PUR

» An den Ufern von Unstrut und Saale ist die Welt noch in Ordnung, dazu schattenspendende Uferbäume und Straußwirtschaften. Tour 13, zwischen Freyburg und Schloss Goseck, S. 134

UFERTRÄUME

» Im Nordwesten des Zwenkauer Sees führen viele kleine Pfade ans Seeufer – und zu einsamen Kiesstränden. Tour 15, zwischen Zitzschener Bucht und Bistumshöhe, S. 154

WEINPANORAMA

» Von der Haynsburg ins Tal hinab blicken Radeltourist:innen auf Weinberge, durch die sich die Weiße Elster schlängelt. Tour 19, zwischen Haynsburg und Wetterzeube, S. 194

EISERNE GIGANTEN

» Schaufelradbagger und Bandabsetzer des Bergbau-Technik-Parks erheben sich wie Aliens aus dem Erdreich – erschreckend schön. Tour 12, zwischen Markkleeberger und Störmthaler See, S. 124

DIE ELSTER RAUF

» Auf dem teils menschenleeren Damm an der Weißen Elster radelt es sich besonders schön. Treue Wegbegleiter: Greifvögel und Flugzeuge am Himmel. Tour 3, zwischen Dieskau und Horburg, S. 34

UMGEBEN VON NATUR

» Nördlich von Eilenburg ist die Muldenaue mit ihren sattgrünen Wiesen am Fluss einfach bezaubernd. Tour 5, zwischen Mörtitz und Gruna, S. 54

WEITBLICK

» Rund um Kötzschau reichen Wiesen und Felder bis zum Horizont. Wer weite Blicke liebt und sich an Schotterpisten nicht stört, ist hier genau richtig. Tour 20, zwischen Schladebach und Zöschen, S. 204

ALLE TOUREN IM ÜBERBLICK

terfeld-Wolfen
Muldestausee
#1 DER RUF DER WILDNIS
Goitzschesee
Seelhausener See
Dommitzsch
Bad Düben
Delitzsch
#4 AUF GRÜNEN WEGEN
Werbeliner See
Eilenburg
Schildau
#5 DIE UFER DER MULDE
hkeuditz
DEM PARADIES SO NAH
#7
Wurzen
#10 GLÜCKSORTE IN LEIPZIG
Brandis
IM OSTEN VIEL NEUES
#8
#9 OSTWÄRTS MIT RÜCKENWIND
#11 RAUS DURCH DIE STADT
kranstädt
Wermsdorf
#12 NEUSEEN-LANDSCHAFTEN
Cospudener See
Grimma
wenkauer See
Störmthaler See
#15 AN EINSAMEN UFERN
#16 SCHLÖSSER, KLÖSTER, RITTERGÜTER
Hainer See
Bad Lausick
Colditz
#17 STRÄNDE WIE SAND AM MEER
18 RUND UM DIE WOLKENFABRIK
Haselbacher See
Meuselwitz

… UND AUCH PAUSE MACHEN NICHT VERGESSEN

PADDELN, TRETEN, TREIBEN LASSEN

» Im »Ab ans Ufer« am Kulkwitzer See können Sie herrlich entspannen oder eine Runde auf dem See drehen. Tour 14, Stopp 6, S. 151

VERLIEBT IN EINE SEEBRÜCKE

» Das 190 Meter lange Bauwerk im Hafen Braunsbedra schenkt seinen Gästen den schönsten Pausenplatz im Geiseltal. Tour 6, Stopp 5, S. 70

GERADEZU MAGISCH

» Der Westbruch bei Brandis: Schroffe Felswände rahmen das Bild, im türkisblauen Wasser tummeln sich zahlreiche Fische. Tour 8, Stopp 5, S. 90

BORA BORA LÄSST GRÜSSEN

» Der Kontrast aus azurblauem Wasser und flirrend weißem Strand erinnert an die Südsee – dazu hausgemachtes Eis: Reisetraum am Biedermeierstrand. Tour 11, Stopp 3, S. 118

HOCH HINAUS

» Schwindelfreien ermöglicht der 33 Meter hohe Aussichtsturm auf der Hochhalde Trages Fernsicht bis weit ins Erzgebirge. Tour 17, Stopp 2, S. 179

IM TORTEN-PARADIES

» Bei den Froschkönigen in Profen gibt es ausgefallene Marmeladensorten und himmlische Torten aus der hauseigenen Konditorei. Tour 18, Stopp 1, S. 188

MALERISCHER AUSBLICK

» Neben dem hübschen Gartenpavillon im Schlosshof Döben steht eine Bank auf einem kleinen Plateau hoch über der Muldenaue. Tour 16, Stopp 4, S. 169

EINFACH LOSRADELN

DIE RADELPAUSEN

» START
Bahnhof Bitterfeld

KM 1,1
1 Marktplatz Bitterfeld
Heimatluft schnuppern

KM 7,2
2 Goitzsche Wildnis
Der Natur lauschen

KM 19,1
3 Roter Turm
Hier kocht der Ritter

1

DER RUF DER WILDNIS

Rund um den Tagebausee Große Goitzsche

Anders als in anderen ehemaligen Tagebaugebieten darf sich die Natur im Süden des Goitzschesees frei von menschlichen Eingriffen entfalten. Im Norden dagegen ziehen Strände und Seepromenaden jede Menge Flaneure und Sonnenbadende an.

KM 21,7
4 Buchdorf Mühlbeck
Dem Geruch der Geschichten folgen

KM 23,8
5 Pegelturm
Es wackelt im See

KM 24,5
6 Seensucht-Resort
Ein Südsee-Traum

KM 29,5 » ZIEL
Bahnhof Bitterfeld

QUERWALDEIN IN DIE SÜDSEE

Die einstige Mondlandschaft des Tagebaus Goitsche ist heute ein Naherholungsgebiet. Wo sieben Riesenkrater klafften, flanieren heute Menschen am Seeufer entlang. Im Süden des Großen Goitzschesees schaffen sich Pflanzen und Tiere ihr ganz eigenes Paradies. Während es im Wald knackt und surrt, ist auf den Uferwegen das Schnattern und Pfeifen der Wasservögel zu hören.

Zu Beginn der Tour führt der Weg über den **Bitterfelder Marktplatz**, an dessen Rand neben dem Rathaus und der Kirche auch das Heimatmuseum liegt. Hier erfährt man alles über die wechselvolle Geschichte Bitterfelds und über den Bernstein, größter Schatz der Region. Nur zwei Straßen weiter öffnet das »Tor zur Goitzsche«, wie die zwei roten Backsteingebäude des Stadthafens genannt werden, den Blick auf den See. Auf dem Goitzsche-Rundweg weichen nach und nach die Autogeräusche dem Gezwitscher der Vögel. Libellen tanzen in der Luft. Es geht am Badestrand, der blauen Bank (als Erinnerung an die freiwilligen Helfer bei der Flutkatastrophe 2002) und dem Restaurant TreibGut vorbei bis zu den Ausläufern der **Goitzsche-Wildnis**. Nur die Leute, die sich Zeit lassen und am Wegrand halten, entdecken vielleicht den ein oder anderen tierischen Bewohner dieses Ortes.

DER SCHÖNSTE MOMENT: AN DER SÜDSPITZE DES SEES DEN SCHWANENFAMILIEN BEIM BADEN ZUSEHEN

Wer von der Südspitze in Richtung Norden radelt, merkt es gleich: Die Umgebung wird urbaner. Neubaugebiete, Ferienhaussiedlungen, eine Wakeboard-Anlage – und ein **Roter Turm**, der auf einem Hügel thront und schönste Aussicht verspricht. Wer sich für antiquarische Bücher begeistern kann, sollte den Seerundweg kurz für einen Abstecher ins **Buchdorf Mühlbeck** verlassen. Hier stehen die Bücher nicht nur in den vollgestopften Regalen der Antiquariate, sondern auch an der frischen Luft.

Zurück auf dem Rundweg kommen schnell Urlaubsgefühle auf: Ein feiner Sandstand, Sonnenschirme, ein Eiscafé. Am **Pegelturm** ist einiges los. Wer schwindelfrei ist, sollte die Pontonbrücke überqueren und auf den im Wasser schwimmenden Turm hinaufsteigen. Von dort aus ist auch das **Seensucht-Resort** gut sichtbar. Die Liegestühle rufen schon. Also nichts wie hin! «

Die Uferlinie des Großen Goitzschesees ist 27 Kilometer lang. Am Südufer sind die Rastplätze oft menschenleer.

Ein Paradies für Freizeitsport! Surfen, Tauchen, Skaten, Segeln – das Angebot ist groß.

Vom Tagebau zum Badesee: Drei Strandbäder versprechen Spaß für die ganze Familie.

RADELN & GENIEẞEN

START

Bahnhof Bitterfeld

Die Bahnhofsstraße rechts runterfahren. In die nächste Straße links einbiegen (Walter-Rathenau-Straße) und bis zum Markt radeln.

KM 1,1

1 **Marktplatz Bitterfeld**

Heimatluft schnuppern

Das ehemalige Rathaus aus rotem Backstein und die neugotische Stadtkirche stehen am historischen Markt von Bitterfeld. Dazwischen das Kreismuseum Bitterfeld (samstags und montags geschlossen), das in einem 1839 als Mädchenschule errichteten Gebäude verschiedene Ausstellungen zeigt – natürlich auch zur Industriegeschichte und dem Bitterfelder Bernstein (www.kreismuseum-bitterfeld.de). Dass im ehemaligen Braunkohletagebau Goitsche 425 Tonnen Bernstein bergmännisch gewonnen wurden, ist sicher vielen neu. Auch heute wird das fossile Harz noch in der Goitzsche gefördert und verarbeitet. Also, auf zur Schatzsuche im Bernsteinsee!

Auf der Mühlstraße bis zum Stadthafen radeln. Rechts auf den Goitzsche-Rundweg abbiegen, am Strand vorbei auf dem Radweg weiterradeln.

Das Bitterfelder Rathaus erinnert ans Rote Rathaus in Berlin – in Miniaturformat.

Zu Gast an der Bitterfelder Riviera: Feiner Sandstrand und laue Lüftchen.

Der Rote Turm verspricht Panoramablicke bis nach Leipzig und Halle.

HOCH HINAUS

KM 19,1

3 Roter Turm

Hier kocht der Ritter

Vom Radweg aus führt ein schmaler Fußpfad den Hügel hinauf. Vor Schloss Pouch, das seit vielen Jahren im Dornröschenschlaf ruht, steht der Rote Turm (Mai bis September, samstags und sonntags ab 14 Uhr geöffnet). 105 Stufen müssen bis zur Aussichtsplattform erklommen werden. Bei klarem Wetter reicht der Blick von dem 30 Meter hohen Turm bis zum Völkerschlachtdenkmal in Leipzig und dem Petersberg in Halle (www.pouch-roterturm.de).
Unterhalb des Turms, nur eine Radelminute entfernt, liegt der Imbiss Zum Ritter Hans. Das Angebot reicht von Gulasch bis Pommes bis hin zur Bulette.

Dem Rundweg zwei Kilometer weiter folgen. Dann rechts der Beschilderung nach Mühlbeck folgen. An der Bundesstraße rechts abbiegen und nach 50 Metern links auf die Straße Dorfplatz einbiegen.

KM 7,2

2 Goitzsche-Wildnis

Der Natur lauschen

Es knackt im Unterholz. Stille. Dann wieder ein Knacken. Welches Tier sich seinen Weg durch das Gebüsch am Radweg bahnt, lässt sich leider nicht ausmachen. Aber die Wildnis ist nah und lässt Picknickpausen auf den am Weg liegenden Baumstammbänken zu kleinen Abenteuern werden. Gut zwanzig Jahre, nachdem erste Teile der vom Kohleabbau zerstörten Landschaft rund um die ehemaligen Tagebauflächen vom Bund für Umwelt und Naturschutz erworben und sich selbst überlassen wurden, findet sich hier heute eine artenreiche Wildnis. Der Radweg führt am Rand der Wildnis vorbei. Infotafeln bieten Informationen zu den Besonderheiten der hiesigen Tier- und Pflanzenwelt. Und die kehrt immer zahlreicher zurück.

Dem beschilderten Rundweg weiter folgen.

Romane, Fachbücher, Postkarten und Kurioses: Im Buchdorf gibt es sogar Freiluftregale.

KM 21,7

Buchdorf Mühlbeck

Dem Geruch der Geschichten folgen

Der kleine Ort Mühlbeck-Friedersdorf, nur einen Steinwurf von Goitzsche-See entfernt, lässt das Herz von Leseratten höherschlagen. Im ersten deutschen Buchdorf gab es einmal fünfzehn Antiquariate. Heute sind es deutlich weniger, aber für Bücherfans lohnt sich der kurze Abstecher nach Mühlbeck trotzdem. Allein der Geruch, der einem aus den Antiquariaten entgegenweht! Es riecht nach Staub und vergangenen Leben, die einst rund um die Bücher stattfanden. Die Regale der antiquarischen Buchgeschäfte sind bis zur Decke gefüllt. Eine Viertelmillion Bücher sollen es sein. Und die zahlreichen Bananenkisten-Stapel versprechen Nachschub.

Zurück zum Goitzsche-Rundweg und diesem bis zum Strand am Pegelturm folgen. Fahrrad abstellen.

KM 23,8

Pegelturm

Es wackelt im See

Er ist weithin sichtbar und nur über eine Pontonbrücke zu erreichen: der Pegelturm mitten im See. Die 26 Meter hohe Stahlkonstruktion, die als Wahrzeichen der Goitzsche gilt, schwimmt auf der Wasseroberfläche des Sees. Der spiralförmige Turm hebt und senkt sich mit dem Pegel. Wer bis an seine Spitze möchte, muss 144 Stufen hinaufsteigen und kann von oben sogar bis nach Leipzig blicken. Am Ufer gibt es einen schönen Sandstrand und Cafés. Von April bis Ende Oktober sticht hier samstags und sonntags (13 Uhr, 15 Uhr, 17 Uhr) das Piratenschiff MS Reudnitz in See (www.msreudnitz.de). Na dann: Entern und Leinen los!

Dem Rundweg weiter folgen. Gegenüber vom Jachthafen liegt das Seensucht-Resort.

Das Wahrzeichen der Goitzsche: Der zur Jahrtausendwende errichtete Pegelturm.

Im Liegestuhl die Beine ausstrecken und den Blick auf die Marina genießen.

EXTRA INFOS:

Feinster heller Sand erwartet die Gäste in der rot-weißen ● **Strandbar des Strandbads Mühlbeck**, oberhalb der Wakeboard-Anlage.

Die Bitterfelder Bergleute haben unterhalb der Villa am Bernsteinsee mit der ● **»Tagebau Goitsche«-Lokomotive**, einer Lore, einem riesigen Turbinenrad und der Skulptur des Bergmanns Leo, die vorher in der Brikettfabrik der Grube Leopold stand, einen Erinnerungsort erschaffen.

Wer sich noch nicht vom See verabschieden möchte, kann sich in der Admiral Suite, dem Captains Room oder der Hafenkoje einmieten. Sie alle gehören zum **Seensucht-Resort** (Stopp 6).

KM 24,5

6 Seensucht-Resort
Ein Südsee-Traum

Leise Lounge-Musik schwebt durch die Beachbar, die leicht erhöht über der Uferpromenade liegt. Liegestühle stehen im feinen Sandstrand, Blickrichtung Jachthafen. Jetzt noch ein kühles Getränk, die Augen schließen und schon beginnt die Traumreise in die Südsee. Das Seensucht-Resort ist der perfekte Ort für einen relaxten Tagesausklang. Die Küche verspricht »brutal regionale« Gerichte, die klangvolle Namen wie Goitzsche Gockel, Gepoppte Glückssau oder Pasta la Vista, Baby! tragen (www.meine-seensucht.de).

Dem Rundweg bis zum Stadthafen Bitterfeld weiter folgen. Über die Mühlstraße bis zur Burgstraße fahren. Rechts auf den Markt abbiegen, überqueren und auf der Walther-Rathenau-Straße den Weg zum Bahnhof zurück nehmen.

Bahnhof Bitterfeld

Wassersportrevier Goitzsche: Beste Bedingungen zum Segeln.

GREPPIN
ANHALTSIEDLUNG
Bitterfeld-Wolfen
BITTERFELD
Marktplatz Bitterfeld
1
START & ZIEL
Bahnhof Bitterfeld
Strengbach
KRAFTWERKSIEDLUNG
Bitterfelder Berg
109
Auensee
Holzweißig
Mühlbeck
Buchdorf
Mühlbeck
4
Strandbar
des Strandbads
Mühlbeck
Pegelturm
5
6
Sehnsucht-Resort
Denkmal-Lokomotive
WASSERSPORT-
ELDORADO
Sandstrand mit Badeinsel
ES RASCHELT
UND KNACKT!
Holzweißiger
Ostsee
Zöckeritzer
See
Essigloch
2
Goitzsche Wildnis
Heidrunsee
Ludwigsee
Paupitzscher
See
Paupitzscher
See
WO DIE
WILDEN TIERE
WOHNEN
N
0
1
2 km

AUF EINEN BLICK

- **Start / Ziel:** Bahnhof Bitterfeld
- **Strecke / reine Radelzeit:** 29,5 km (Rundtour), 2 Std.
- **Höhenmeter:** ↗21 m; ↘21 m
- **Wegbeschaffenheit:** Fast durchgehend asphaltierte Wege, kurze Passagen auf Kies- und Pflasterwegen.
- **Beste Zeit:** Vom Frühling bis in den Herbst hinein.
- **Mitnehmen:** Badezeug, ggf. Sonnenhut oder Baseballcap für die Bootsfahrt, Platz für das ein oder andere Buch im Rucksack freilassen.

DIE RADELPAUSEN

» START
Bahnhof Halle (Saale)

KM 4,7
1 Burg Giebichenstein
Stimmen aus der Vergangenheit

KM 6,9
2 Forstwerderinsel
Über die Liebesbrücke ins Naturparadies

KM 13,5
3 Brachwitzer Alpen
Staunen, schlemmen, schippern

STADT, LAND, FLUSS

2

Von Halle an der Saale in die Brachwitzer Alpen – und zurück

Schafherden am Fluss, Bergpanoramen und eine flotte Fährfahrt über die Saale: Wer aus der hügeligen Stadt Halle hinausfährt, radelt schnell durch Naturschutzgebiete und am idyllischen Flussufer entlang. Aber auch in der Stadt gibt es grüne Oasen.

KM 25,7
4 Sonnendeck
Das schärfste Chili der Stadt

KM 26,2
5 Kunstmuseum Moritzburg
Meisterwerken ganz nah

KM 26,5
6 Hallenser Altstadt
Rein ins Gewusel

KM 28,4 » ZIEL
Bahnhof Halle (Saale)

AUF ZU NEUEN UFERN

Die Händelstadt Halle ist reich an Kulturgeschichte, großstädtischem Flair und innovativer Gastronomie – und dazu fahrradfreundlich! Neu und überraschend, diese Tour. Märchenhaft geht es hier auch zu, so etwa auf der **Burg Giebichenstein** – einer Burgruine, wie sie im Buche steht. Auch die Natur ist ganz nah, immerhin ist Halle Deutschlands Großstadt mit den höchsten Anteilen an Grünanlagen und Erholungsflächen. Dazu zählt auch die **Forstwerderinsel**, ein Naturschutzgebiet, das die Heimat vieler geschützter Tierarten ist.

DER SCHÖNSTE MOMENT: WENN DER WIND EINEM AUF DER FÄHRFAHRT ÜBER DIE SAALE KÜHLEND DURCH DIE HAARE WEHT

Von der Insel runter geht es raus aus der Stadt. Der Weg über eine ruhige Landstraße endet an einer Wendeplatte. Hier beginnt das Nationale Naturerbe Franzigmark. Ein schmaler Pfad am Flussufer führt an grasenden Schafsherden vorbei. Der Schäfer mit seinem Hütehund grüßt freundlich. Dann ragen plötzlich rote Felsen aus den grünen Baumkronen heraus. Der Kontrast macht die Schönheit der schroffen Landschaft der **Brachwitzer Alpen** aus. Aus einer Felsschlucht hinaus führt der Weg zurück an den gemächlich dahinfließenden Fluss. Die Fähre Brachwitz wartet schon. Die schwere Kette, an der sich die Saalefähre bewegt, klirrt lautstark. Am anderen Flussufer führt der Saale-Radweg durch Lettin zurück nach Halle. Wer auf einen der größeren Hügel der Lunzberge steigt, hat einen weiten Blick ins Saaletal hinein.

Am Saaleufer liegt das **Sonnendeck**. Die Liegestühle stehen direkt am Flussufer. Kleiner Tipp für den Nachtisch: Gleich neben dem Sonnendeck verkauft das Eiscafé Il Gelato frisches Eis. Gestärkt führt der Weg ins **Kunstmuseum Moritzburg**. Auch für Menschen, die an Kunst wenig Interesse haben, lohnt sich die kurze Fahrt. Die wechselhafte Geschichte der einzelnen Gebäude erklären Infotafeln im frei zugänglichen Innenhof.

Einfach mal treiben lassen heißt es dann in der **Hallenser Altstadt**. Genug zu sehen gibt es allemal. Das Fahrrad darf in der Zeit eine Pause machen. «

RADELN & GENIEßEN

START

Bahnhof Halle (Saale)

Rechts um den Bahnhof herumfahren und die Delitzscher Straße an der Ampel überqueren. Dann den Kreisverkehr an der Magdeburger Straße verlassen. Am Steintor links in die Ludwig-Wucherer-Straße fahren. Nach 800 Metern rechts in die Reilstraße abbiegen und hinaufradeln. Dann links in die Große Brunnenstraße fahren und dem Straßenverlauf bis zur Burgstraße folgen.

Hölzerne Liegestühle am Saaleufer: Beine hoch und den Schiffen beim Schippern zuschauen.

KM 4,7

1 **Burg Giebichenstein**

Stimmen aus der Vergangenheit

Wer auf der Giebichenstein-Brücke steht, hat den perfekten Blick auf die Burg.

Trutzig steht sie über der Saale auf massiven Felsgestein – Burg Giebichenstein. So hoch oben hat man einen weiten Blick ins Saaletal – und in den Hof der Unterburg, die seit über 100 Jahren Sitz der hiesigen Kunsthochschule ist. Einst durch einen Brand zerstört, ist die Oberburg heute die schönste Ruine der Stadt. Dichtern der Romantik soll die Ruine als Inspiration gedient haben. Wer die alten Mauern sieht, glaubt das gern. Mit ein wenig Fantasie lassen sich mittelalterliche Gelage oder die Stimmen der Eingekerkerten im Lochgefängnis des Turms hören. Wem die Fantasie fehlt, scannt einfach die QR-Codes der Hörbeiträge zur Burg mit dem Smartphone. Gesangstalente können an der Minnesangstation ihr Können zeigen.

An die Saale hinunterfahren. Der Saalepromenade rechts bis zu einer Treppe folgen. Wer sich fit genug fühlt, kann das Rad über die Treppen auf die Porphyrfelsengruppe Klausberge schieben. Alle anderen können die Klausberge über die Seebener und Trothaer Straße umfahren. Die Pfarrstraße führt dann zur grünen Brücke der Forstwerderinsel.

KM 6,9

2

Forstwerderinsel

Über die Liebesbrücke ins Naturparadies

Über die grüne Forstwerderbrücke, den so genannten Katzenbuckel, geht es zu Fuß auf die kleine Forstwerderinsel. Wie romantisch der Ort sein kann, beweisen Liebesschlösser mit eingravierten Namen am Geländer der Brücke. Die Saale rauscht im benachbarten Wehr lautstark nach unten. Doch die vielen Bäume auf der Waldinsel lassen das Rauschen schon nach wenigen Metern verklingen. Wer geduldig ausharrt, kann neben Nutrias auch Kormorane, Rotmilane, Gänsesänger oder Mäusebussarde entdecken. Und nicht erschrecken, wenn sich etwas über den Weg schlängelt – auch Ringelnattern haben hier ein Zuhause.

Über die Pfarrstraße auf die Trothaer Straße links abbiegen. Der Beschilderung nach Brachwitz folgen. An der Endhaltestelle dem kleinen Pfad links vom NABU-Schutzgebiet Franzigmark-Schild nehmen. Nach etwa einem Kilometer führt gegenüber vom Flussufer rechts ein Pfad in Richtung Felsen. Der Schotterpiste entlang der Saale folgen.

Die Katzenbuckelbrücke führt in das Naturschutzgebiet Forstwerder.

KM 13,5

3

Brachwitzer Alpen

Staunen, schlemmen, schippern

Zugegeben: Wer ähnlich schöne Bergpanoramen wie in den Alpen erwartet, wird unweigerlich enttäuscht sein. Aber wildromantisch sind die schroffen, roten Porphyrfelsen, die sich aus dem Gebüsch heraus in Richtung Himmel erheben, allemal. Eine Schafherde grast auf der Weide, der Wind lässt das Schilf rascheln. Der Radweg führt an der Saale entlang durch das Wander- und Klettergebiet. An den Wochenenden ist die Veranda des Café Saalekiez, kurz hinter den Brachwitzer Alpen, ein schöner Ort für eine Pause (www.saalekiez.de). Auf der Tageskarte stehen ausgewählte Speisen: von mediterraner Küche über herzhafte Burger bis hin zu frisch gebackenen Kuchen. Wer fünf Minuten weiterradelt, gelangt an die Fähre Brachwitz, die einen in Windeseile für kleines Geld über den Fluss setzt.

Am Café Saalekiez vorbei bis zur Fähre radeln. Übersetzen. Dem Saale-Radweg in Richtung Halle, später Halle-Zentrum folgen. Über die Giebichensteinbrücke fahren und rechts am Saaleufer entlangradeln.

Am Saalekilometer 82,5 bringt die Fähre Brachwitz Radelbegeisterte ans andere Flussufer.

KM 25,7

Sonnendeck

4 Das schärfste Chili der Stadt

»Wenn ich nicht hier bin, bin ich auf'm Sonnendeck!« Am Pfälzer Ufer, direkt an der Saale, liegt ein echter Wohlfühlort. Liegestühle stehen am Saaleufer, Loungemöbel auf der großen Terrasse, und um die Tische herum hängen Schaukeln. Die Getränkeauswahl ist groß und reicht von Muckefuck (Malzkaffee und Biomilch) über Weinschorle bis zum Bio-Bier. Die Speisenkarte ist dagegen eher übersichtlich. Das Chili con Carne (alternativ auch sin Carne) kommt mit knusprigen Tortilla-Chips und einer knackigen Salatdekoration an den Tisch (www.pfaelzer-ufer.de). Sehr praktisch: Direkt vor dem Sonnendeck steht eine rote Radstation. Dort können pannengeplagte Pechvögel ihre Reifen aufpumpen und mit einer großen Werkzeugauswahl kleine Reparaturen durchführen.

Am Ende des Pfälzer Ufers links abbiegen. Über den Mühlgraben rüber und links den Schlossberg hochradeln.

Chili con Carne mit frischen Tomaten, Blaubeeren und Tortilla Chips: köstlich!

Im Innenhof des Kunstmuseums Moritzburg gibt es in allen Nischen und Ecken viel zu entdecken.

KM 26,2

5 Kunstmuseum Moritzburg

Meisterwerken ganz nah

Kunst erleben: Durch das Burgtor in den Kunsthimmel.

Die gegen Ende des 15. Jahrhunderts als erzbischöfliche Residenz erbaute Moritzburg liegt nur wenige Radelminuten vom Stadtzentrum entfernt. In den alten Mauern werden Werke der bildenden und angewandten Kunst von der Antike bis in die Gegenwart ausgestellt (www.kunstmuseum-moritzburg.de). Eine kurze Radelpause im öffentlich zugänglichen Innenhof der Vierflügelanlage lohnt sich allemal, da er verschiedene Epochen der Architekturgeschichte in sich vereint. Wehrgang und Torturm wurden nach dem Ende des Dreißigjährigen Kriegs errichtet, das Lazarettgebäude aus dem 18. Jahrhundert ist heute das Verwaltungsgebäude, die Maria-Magdalena-Kapelle aus dem 16. Jahrhundert nutzen Gläubige heute noch als Gotteshaus. Im Innenhof gibt es ein modernes Café. Geschichts- und Kunstbegeisterte finden in Halle keinen schöneren Ort für ein Käffchen.

Gegenüber der Moritzburg in die Bergstraße reinfahren und rechts die Kleine Ulrichstraße runterradeln.

6

Hallenser Altstadt

Rein ins Gewusel

Die Kleine Ulrichstraße ist vor allem in den warmen Monaten ein toller Ort zum Flanieren und ein schöner Ausgangspunkt für einen kleinen Rundgang durch die Altstadt. Auf den Terrassen der Cafés, Bars und Restaurants schlägt der Puls der Stadt doppelt so laut. Wer durch die Große Nikolaistraße am Händel-Haus vorbeigeht und rechts abbiegt, kommt am Marktplatz heraus. Marktkirche, Roter Turm, Händel-Denkmal, Ratshof und Marktschlösschen – Sehenswürdigkeiten gibt es hier viele. Wer es lieber ruhiger mag und die Beine nach der Fahrradtour hochlegen möchte, kann einen Abstecher in den nahegelegenen Stadtpark, den Botanischen Garten oder zur Ziegelwiese machen – oder sich zum Sonnenuntergang ein schönes Plätzchen an der Saale suchen.

Vom Marktplatz aus das Fahrrad durch die Leipziger Straße (rechts neben dem Ratshof) bis zum Bahnhof schieben.

EXTRA INFOS:

Auf einer weiten Wiese inmitten des alten ● **Steinbruchs** in den Brachwitzer Alpen – umrahmt von schroffen Felswänden – ist ein herrlicher Ort für eine Rast.

Im Westen von der Saale und im Osten vom Mühlgraben umflossen, bietet die ● **Ziegelwiese** viel Platz für ein Sonnenbad oder sportliche Aktivitäten. Hier steigt auch die dritthöchste Wasserfontäne Europas in die Höhe.

KM 28,4 » ZIEL

Bahnhof Halle (Saale)

Der Marktplatz mit seinem Rotem Turm und der Marktkirche ist das Herz Halles.

Porphyrlandschaft bei Brachwitz
Menhir Mori
VORBEI AN DER BLÖKENDEN SCHAFHERDE
Picknickplatz im Steinbruch
3
Brachwitzer Alpen
Brachwitz
Kirschberg
FRANZIGMARK
ALAUNE
EINE FÄHRFAHRT, DIE IST LUSTIG ...
NSG
Lunzberge 107
Saale
LETTIN
AUF DIE LUNZBERGE HOCH, AUSSICHT GENIESSEN
Steinerne Jungfrau
HEIDE-NORD/BLUMENAU
Hechtgraben
NSG
Brandberge 115
DÖLAU
Langer Berg 130
Kellerberg 130
Krankenberg 77
Lieskau
NSG
Bischofsberg 133
Steinkiste im Grabhügel 17
Kastanienwäldchen
Schwarzer Berg 128
Heiligen Hallen
HEIDE-SÜD
Heidesee
Lindberg 136
NSG
Granauer Berg 133
N
0
1
2 km
NIETLEBEN
HALLE-NEUSTADT

AUF EINEN BLICK

- **Start / Ziel:** Hauptbahnhof Halle (Saale)
- **Strecke / reine Radelzeit:** 28,4 km (Rundtour), 2 Std. 15 (plus Fährfahrt)
- **Höhenmeter:** ↗39 m; ↘39 m
- **Wegbeschaffenheit:** Asphaltierte Radwege, kurze Kiesstrecken und Passagen auf ruhigen Straßen.
- **Beste Zeit:** Frühling bis Herbst.
- **Mitnehmen:** Fernglas für Vogelbeobachtung.

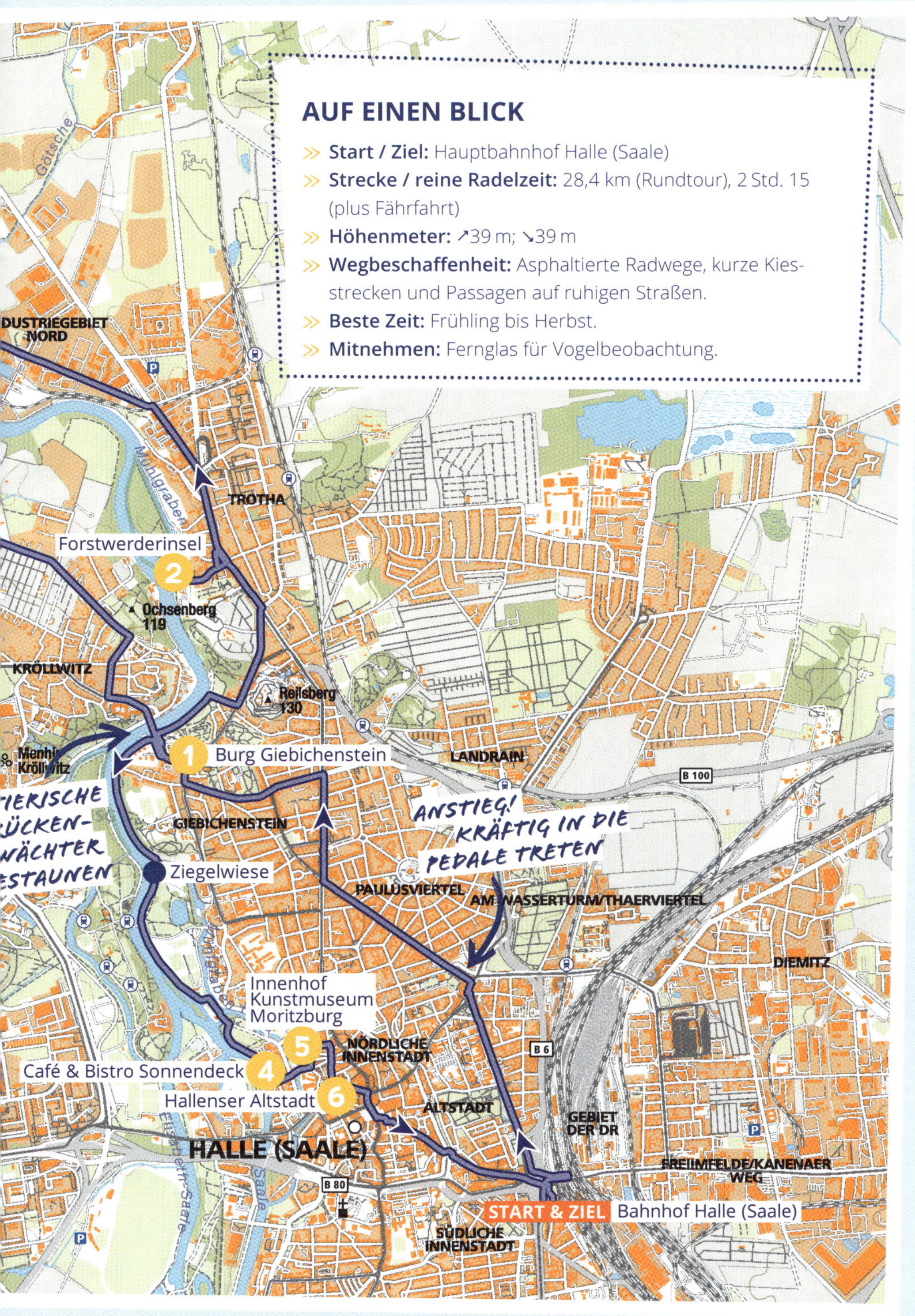

DIE RADELPAUSEN

» START
Hauptbahnhof Halle (Saale)

KM 9,4
1 Schlosspark Dieskau
Ein Park zum Verlieben

KM 26,6
2 Marienkirche Horburg
Reisesegen aus der Elster-Luppe-Aue

KM 28,5
3 Strand Kleinliebenau
Sonnenbaden am Autobahnsee

3 (FAST) IMMER AM WASSER ENTLANG

Von Halle nach Leipzig

Die Weiße Elster und die Neue Luppe sind die perfekten Reisebegleiterinnen auf dem Weg zwischen den beiden größten Städten der mitteldeutschen Metropolregion. Die Stille auf den weiten Uferwiesen ist eine Wohltat für stadtlärmgeplagte Ohren.

FASZINATION LANGSTRECKE

Vom Hauptbahnhof Halle ist man erstaunlich schnell im Grünen. Die Strecke nach Leipzig führt zunächst an Wiesen, Feldern und kleinen Dörfern vorbei, bevor sie auf den gut ausgebauten Deich-Radweg an der Neuen Luppe und Weißen Elster geht. Wer schnell ans Ziel kommen will, ist hier richtig. Doch wer Neues entdecken und was erleben will, muss die beliebte Strecke auch mal verlassen. Als Belohnung warten Orte zum Verlieben.

Dazu zählt der **Schlosspark Dieskau**. Schon kurz hinter Halle versteckt sich diese grüne Perle – von vielen Vorbeiradelnden gänzlich unbeachtet – am Wegesrand. Schon von Weitem ist das Schnattern der Enten auf den Teichen zu hören. Das Dieskauer Schloss erinnert mit dem abbröckelnden Putz und den efeuumrankten Fenstern an ein verwunschenes Märchenschloss, auch der Park selbst ist malerisch.

DER SCHÖNSTE MOMENT: MORGENS ÜBER DIE CHINESISCHE BRÜCKE IM SCHLOSSPARK RADELN UND AUF DEN GLITZERNDEN MÜHLTEICH BLICKEN

Hinter dem kleinen Ort Döllnitz geht es endlich auf den Deich hinauf, jedoch nur für einige Kilometer. Dann führt der Weg durch den Wald in Richtung Horburg. Dort soll sich ein echtes Wunder ereignet haben: Die weinende Madonna machte die **Marienkirche** zum Wallfahrtsort. Pilgerscharen trifft man hier allerdings nicht mehr.

Wer über ruhige Landstraßen weiter in Richtung Leipzig fährt, kommt schon bald in **Kleinliebenau** an einen See mit kleinem **Strand** vorbei, der sich hinter der Einfahrt zum Campingplatz versteckt. Einige Radelminuten weiter beginnt der Leipziger Auwald – herrlich schattenspendend und kühl.

Zurück auf dem Deich stehen schon bald die nächsten beiden Stopps an. Für Naturliebhaber ist ein Halt an der **Auwaldstation** und am benachbarten **Schloss Lützschena** Pflicht. Danach geht es an den **Auensee**, wo sich die Beine bei einer Fahrt mit der Parkeisenbahn endlich ausruhen können. Auf dem Elsterradweg am Deich wird es derweil immer voller. Die Innenstadt naht. Am Palmengartenwehr ist der Abschied vom Flussufer nah. Ein letztes Mal noch blitzt das blaue Nass am **Stadthafen** auf, der am Elstermühlgraben liegt. Dann geht es zurück in das Gewusel der Innenstadt. «

Der Kirchturm der Horburger Marienkirche ist weithin sichtbar. Das Gotteshaus ist als offene Kirche angelegt – Gäste sind willkommen.

Der Elsterradweg zwischen Halle und Leipzig ist auf vielen Passagen menschenleer.

Perfekter Ausgangspunkt für eine Bootstour am Abend: der Stadthafen.

RADELN & GENIEßEN

START
Hauptbahnhof Halle (Saale)

Auf dem Bahnhofsvorplatz rechts unter der Eisenbahnbrücke durch und der Straße an der Halloren-Schokoladenfabrik bis zur Käthe-Kollwitz-Straße folgen. Einbiegen, am Ende der Straße rechts, dann links in die Dürrenberger Straße abbiegen. Die B 6 überqueren und »Am Tagebau« weiterfahren. Hinter dem Wäldchen links auf die Schotterpiste und dem Weg bis in den Schlosspark hinein folgen.

Das Sonnenlicht lässt das Innere der Marienkirche erstrahlen.

KM 9,4

1 Schlosspark Dieskau

Ein Park zum Verlieben

Gleich mehrere Teiche und Kanäle durchziehen den 67 Hektar großen Park. Im meterhohen Schilf quakt und raschelt es. Der Park, der Ende des 18. Jahrhunderts entstanden ist, kann mit dem Fahrrad auf vielen Wegen erkundet werden: Denkmäler, Statuen, ein Obelisk und das Renaissance-Schloss Dieskau, das mit seinen verwitterten Mauern und kleinen Türmchen ganz entzückend aussieht, wollen entdeckt werden (www.schloss-dieskau.de). Vom nachgebildeten Chinesischen Teehaus gibt es einen besonders schönen Blick auf das Schloss.

Den Schlosspark ostwärts verlassen, durch die Einfamilienhaussiedlung und rechts auf die Döllnitzer Straße abbiegen. Den Kreisel an der zweiten Ausfahrt verlassen. In Döllnitz links in die Leipziger Straße und dem Weg bis Lochau folgen. Hinter dem großen Supermarkt rechts und vor der Brücke links auf den Elsterradweg fahren, etwa 7,5 Kilometer lang. Dann die Brücke überüberqueren und den holprigen Schotterweg nehmen. An dessen Ende links abbiegen und bis zur Kirche auf der Straße bleiben.

Blick von der im chinesischen Stil erbauten Bogenbrücke auf den Großen Mühlteich.

KM 26,6

2

Marienkirche Horburg

Reisesegen aus der Elster-Luppe-Aue

»Treten Sie ein! Hier sind sie willkommen!«, steht in großen Buchstaben auf Deutsch und Englisch auf einem Schild vor der hölzernen Eingangstür der Horburger Marienkirche. Auf einem kleinen Flyer gibt die gotische Wallfahrtskirche Pilger:innen und Tourist:innen ihren Reisesegen mit: »Bon Camino!«, auf dass die »verschwenderische Fülle der Auenlandschaft, der Trost der großen, alten Bäume, das Licht und die Farbe des Tages und das Murmeln der Wasser am Wege« als Erinnerungen bleiben. Im 13. Jahrhundert machte das Tränenwunder der Madonna das Dorf Horburg zum Wallfahrtsort. Neben der berühmten Sandsteinfigur sind es heute auch das überlebensgroße Holzkruzifix aus der Zeit um 1500, eine Schnitzfigur einer stehenden Muttergottes und ein Hochrelief eines thronenden Christus (beide spätes 15. Jhd.), die faszinieren. Die Eingangstür steht von Mai bis Oktober täglich 10 bis 18 Uhr offen.

Rechts auf der Maßlauer Straße unter der Autobahnbrücke hindurch bis zum ausgeschilderten Campingplatz fahren. Das Betreten des Campingplatzes ist Besucher:innen des öffentlichen Strands erlaubt.

KM 28,5

3

Strand Kleinliebenau

Sonnenbaden am Autobahnsee

Ein kleiner, feiner Sandstrand wartet am Autobahnsee in Kleinliebenau. Der Platz ist völlig ausreichend, um sich nach der ersten Etappe zu erfrischen und danach von der Sonne trocknen zu lassen. Am Ufer des mit hohen Bäumen bewachsenen Sees sieht man im Halbschatten viele Leute mit Angeln – hier wird auf den großen Fang gewartet. Wenn es still ist, dringt ein leises Rauschen von der Autobahn herüber. Doch sobald die ersten Badegäste jauchzend ins Wasser hüpfen, verklingen die brummenden Geräusche. Wer Durst hat oder ein Eis schlecken will, kann sich am Campingplatz-Imbiss versorgen.

Zurück zur Horburger Straße und links dem Straßenverlauf folgen. Die Bundesstraße überqueren und der Ausschilderung in Richtung Domholzschänke folgen. Kurz vor der Domholzschänke links in den Waldweg abbiegen. Nach 100 Metern ist der Deich zur Neuen Luppe erreicht. Rechts halten, die nächste Brücke überqueren und auf der anderen Flussseite weiterradeln. Schloss Lützschena und die Auwaldstation sind ausgeschildert.

Zeit für eine Badepause: So nah an der Autobahn und doch so idyllisch.

Der Park des 1864 erbauten Schlosses Lützschena ist öffentlich zugänglich.

KM 39,7

5 Auensee
Eine Rundfahrt mit der Parkeisenbahn

Der Auensee ist 1909 aus einer Kiesgrube entstanden. Die Schienen verraten bereits: Rund um den idyllischen Auensee dreht eine Parkeisenbahn ihre Runden (www.parkeisenbahn-auensee-leipzig.de). Wiesen und bewaldete Abschnitte wechseln sich auf der knapp zwei Kilometer langen Strecke ab. Es gibt einen Bahnhof am Nordufer des Sees und drei Haltepunkte. Mitfahren wird dringend empfohlen! Am Südufer gibt es ein kleines Bistro: das Haus am See. Das Angebot reicht von Fischbrötchen über Kaiserschmarrn bis hin zur Boulette. Auch eine Ladestation für E-Bikes gibt es dort.

Zurück auf den Radweg an der Neuen Luppe fahren. Dem Flusslauf am Stadion vorbei bis zur Klingerbrücke folgen. Links abbiegen und bis zur Schreberstraße fahren. Dort links einbiegen.

KM 36

4 Schloss Lützschena und Auwaldstation
Naturwissen sammeln

Durch eine Kastanienallee hindurch und über eine Brücke geht es zum Schloss Lützschena. Der öffentlich zugängliche Schlosspark liegt im Naturschutzgebiet Burgaue (also: Bitte auf den Wegen bleiben!). Dort gibt es nicht nur zahlreiche Teiche, Statuen und eine Waldkapelle, sondern auch die Auwaldstation, die sich als Umweltbildungszentrum, Naturschutzstation und Kulturstätte versteht. Im Erdgeschoss gibt es eine interaktive Ausstellung zum Thema Auen und Auwald. Rund um die Auwaldstation herum stehen Lehrtafeln zu Umwelt- und Naturthemen. Und auch ein Baumhaus gibt es dort. Aus neun Metern Höhe bietet sich ein schöner Blick in den Schlosspark (www.schloss-luetzschena.de).

Zurück auf dem Radweg der Neuen Luppe bis zum Auensee folgen.

Ein Klassiker: Seit 1951 fährt die Parkeisenbahn um den Auensee herum.

Vom Stadthafen aus erstreckt sich ein Netz aus Wasserwegen bis ins Neuseenland.

EXTRA INFOS:

Im Hallenser Stadtteil Büschdorf ist ein Abstecher zum ● **Halloren-Schokoladenmuseum** samt Fabrikverkauf für Schokoliebhaber ein Muss. Es öffnet um 10 Uhr (sonntags geschlossen, www.halloren.de).

In der ● **Domholzschänke** gibt es deftige Hausmannkost und mediterrane Spezialitäten. Der dazugehörende Imbiss hat an den Wochenenden ganzjährig geöffnet (www.domholzschaenke.com).

KM 45,8

6 Stadthafen

Beachbar-Feeling in der Stadt

KM 47,1 » ZIEL

S-Bahnhof Leipzig Markt

Ein rot-weiß gestreifter Strandkorb, Liegestühle, kühle Getränke, die Füße im Sand – was brauchen müde Radlerbeine mehr? Und im Venedig des Ostens, wie Leipzig liebevoll genannt wird, ist das Wasser natürlich nicht weit. Der Stadtstrand Leipzig liegt nur wenige Meter neben dem Elstermühlgraben, wo elektrisch betriebene Ausflugsschiffe im Wasser dümpeln und auf Gäste warten. Die Stadtrundfahrten dauern eine gute Stunde und eröffnen ganz neue Perspektiven auf die Messestadt. Wer zum Tagesabschluss nochmal mehr Action möchte, kann sich auch ein Kanu oder SUP ausleihen und damit in den Sonnenuntergang schippern.

Zurück auf die Käthe-Kollwitz-Straße. In Richtung Innenstadt bis zur Gottschedstraße, diese durchradeln und die Kreuzung überqueren. An der Thomaskirche vorbei führt der Weg direkt zum Markt.

Füße im Sand, kühles Getränk in der Hand: Entspannung pur am Stadtstrand.

Hauptbahnhof Halle (Saale)
START
Halloren Schokoladenmuseum
HALLE (SAALE)
Großer Dautzschberg
111
Reideburg
Klepzig
Kockwitz
Queis
Dölbau
Naundorf
Kleinkugel
Kanena
A 14
Gottenz
Osmünde
Bruckdorf
Zwintschöna
Benndorf
B 6
Schwoitsch
Saale
Kanal/Regattastrecke
Kiesgrube Saaleaue
NSG
Tonnensee
Blaues Auge
1
Schlosspark Dieskau
Osendorfer See
Alte Wassermühle
Hohenweiden
Ententeich
Rattmannsdorf
Rattmannsdorfer Teiche
Korbetha
Saale-Elster-Aue bei Halle
Schachtloch
Döllnitz
FLUGZEUGE AM HIMMEL!
Röglitz
Lochau
Weßmar
Raßnitz
Alte Weiße Elster
Burgliebenau
Weiße Elster
Schkopau
Raßnitzer See
Kiesgrube
Hirschhügel
144
Knapendorf
Lössen
Löpitz
Luppenau
Wallendorf (Luppe)
Zweimen
Meuschau
Petri-Kloster 10.Jh.
Schloss Merseburg
Merseburg
Luppe
B 181
Zöschen
Vorderer Gotthardteich
Trebnitz
A 38
Geusa
Kreypau
Wüsteneutzsch
N
Beuna (Geiseltal)
Leuna
Speicher Schladebach
Schladebach
Kötzschau
0
1
2 km
B 91
Kröllwitz
Bad Dürrenberg

AUF EINEN BLICK

- **Start:** Hauptbahnhof Halle (Saale)
- **Ziel:** S-Bahnhof Leipzig Markt
- **Strecke / reine Radelzeit:** 47,1 km (Streckentour), 3 Std. 30
- **Höhenmeter:** ↗33 m; ↘27 m
- **Wegbeschaffenheit:** Asphaltierte Radwege und ruhige Straßen, kurze Passagen auf Kies- und Waldwegen.
- **Beste Zeit:** Frühling bis Herbst.
- **Mitnehmen:** Badezeug.

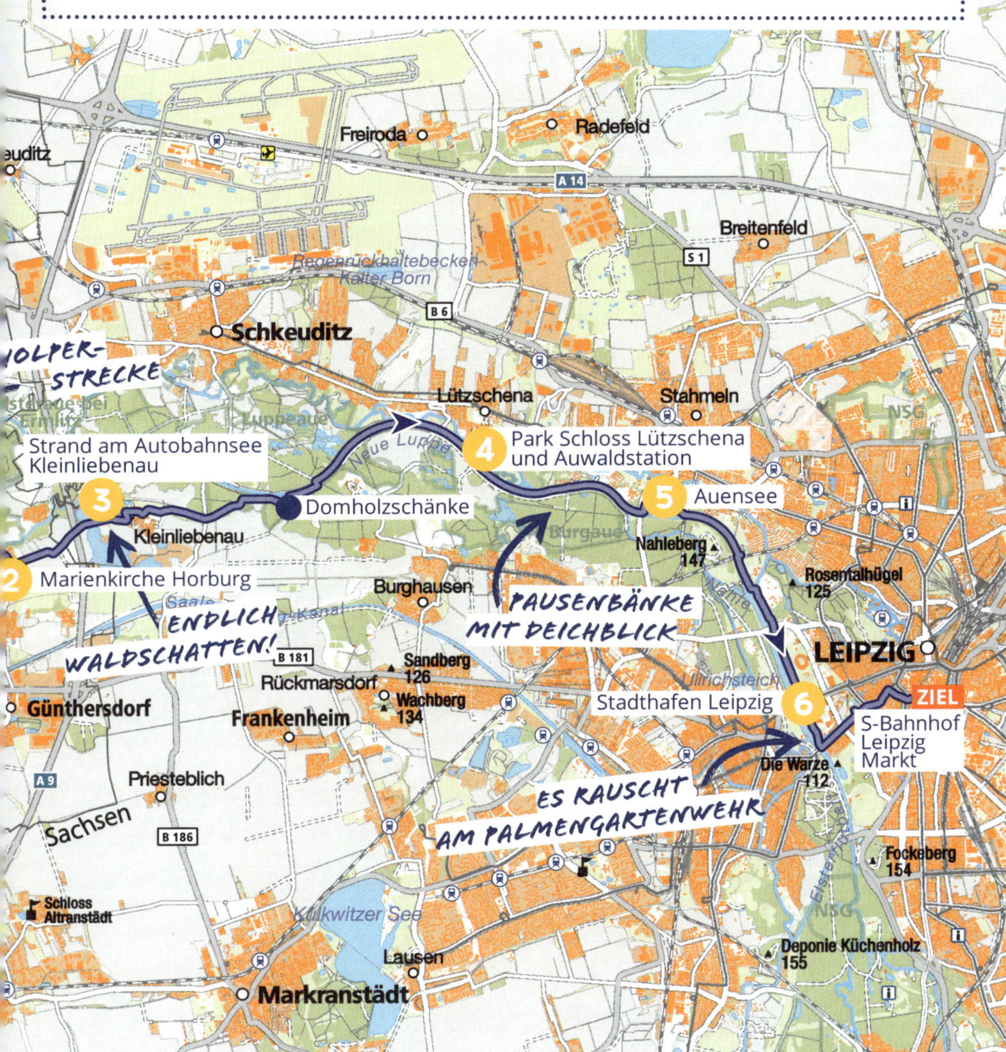

DIE RADELPAUSEN
KM 7
>> START
Bahnhof Delitzsch
2
Naturlehrpfad Grabschützer See
In der Natur lernen
KM 12,5
KM 1,4
3
Bockwindmühle Zwochau
Die Welt steht still
1
Schloss Delitzsch
Mauern mit Geheimnissen

AUF 4 GRÜNEN WEGEN

Von Delitzsch rund um den Grabschützer und Werbeliner See

Ein Schloss, zwei Seen und ganz viel Natur. Wer in Delitzsch losradelt, ist schon bald alleine unterwegs, dabei aber in bester Gesellschaft: Am Boden und in der Luft sind jede Menge Tiere treue Begleiter.

KM 16

4 Schaufelrad
Zeitzeuge der Industriegeschichte

KM 19,4

Werbeliner See
Wer die Einsamkeit sucht

KM 27,6

6 Sodann-Softeis
Einmal Softie sein

KM 28,4 » ZIEL
Bahnhof Delitzsch

LERNGELEGENHEITEN, ÜBERALL

Ganz unbekannt ist Delitzsch mit dem romantischen Stadtzentrum und dem nahegelegenen Naturschutzgebiet Werbeliner See nicht mehr. Doch die wenigsten kennen den Rundweg um den Grabschützer See. Es ist an der Zeit, das zu ändern.

Die Tour beginnt am geheimnisumwitterten **Schloss Delitzsch**. Auf einer Anhöhe steht es, als könnte es kein Wässerchen trüben – pastellfarben gekleidet und prunkvoll hergerichtet. Doch vor Ort lernt man schnell mehr über die wechselhafte Geschichte des Ortes. Wem bei all den Geheimnissen der Kopf raucht, der sollte nun in die Natur aufbrechen. Die Stadt ist schnell verlassen, Felder und Wiesen säumen den Weg zur Seenlandschaft. Sobald die blaue Oberfläche der Seen zu sehen ist, beginnt auch schon der **Naturlehrpfad Grabschützer See**. Hier grasen Schottische Hochlandrinder, Sanddornsträucher sorgen für kräftige Farbklekse. Schwarzkehlchen, Neuntöter und Wiesenhüter flattern durch die Luft, Libellen schwirren vorbei. Die Natur zeigt sich in ihrer ganzen Pracht. Dann wendet sich der Weg dem kleinen Dorf Zwochau zu. Hier steht die **Zwochauer Windmühle**, die einst in Schkeuditz gebaut wurde und einer Frau einen bahnbrechenden Erfolg bescherte.

DER SCHÖNSTE MOMENT: WENN DIE ZUNGE NACH EINER EREIGNISREICHEN RADTOUR DAS ROSA-WEISSE SOFTEIS BERÜHRT

Nach einer kurzen Rast geht es weiter. Schon von Weitem erhebt sich ein mächtiges **Schaufelrad** in den Himmel. Ein Relikt des Tagebaus, so eindrücklich wie erschreckend. Nur zwei Kilometer davon entfernt öffnet sich der Blick auf den **Werbeliner See**. Das gesamte Gebiet steht unter Naturschutz. Tiere und Pflanzen danken es und kehren zahlreich zurück. Am gegenüberliegenden Ufer kreisen Greifvögel über die Baumwipfel. Im Schilf raschelt es. Enten schwimmen auf dem See. Idylle pur.

Dann wendet sich der Weg vom See ab. In Brodau noch fix ein paar Bio-Nudeln aus dem Eierautomaten ziehen und nach Delitzsch weiterfahren. Bei **Sodann-Softeis** werden Radler dann zu Softies. Wer einmal am Granatapfel-Vanille-Softeis geschleckt hat, hat spätestens jetzt einen Grund, bald wiederzukehren.

Nudeln, Eierlikör oder doch lieber ein 6er-Karton Eier? Hoffentlich ist noch Platz im Rucksack.

Sechs Türme prägen das Delitzscher Stadtbild, darunter auch der Ende des 14. Jahrhunderts erbaute Hallesche Turm.

Absteigen bitte: Das Gehege der schottischen Hochlandrinder darf durchquert werden.

RADELN & GENIEßEN

START
Bahnhof Delitzsch

Am Kreisel in die Eilenburger Straße reinfahren und der Einbahnstraße über die Brücke bis zum Ende folgen. An der Kirche links abbiegen und der Straße um den Marktplatz herum folgen. Dann rechts in die Schlossstraße einbiegen.

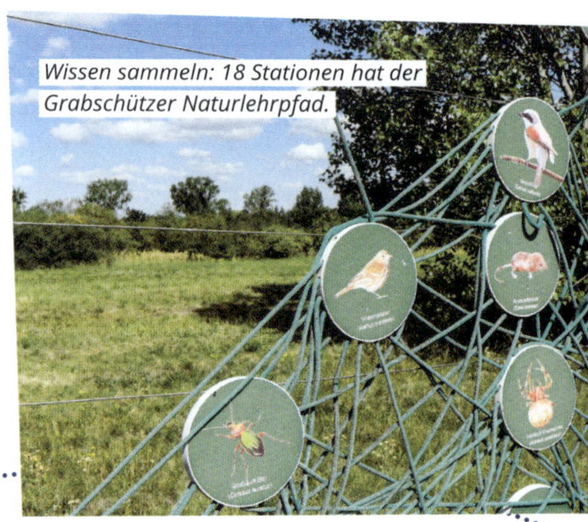

Wissen sammeln: 18 Stationen hat der Grabschützer Naturlehrpfad.

KM 1,4

1 **Schloss Delitzsch**

Mauern mit Geheimnissen

Das Delitzscher Schloss ist eine Augenweide – und hütet so manches Geheimnis.

Schloss Delitzsch gehört zu den ältesten Schlössern in Sachsen. Wilhelm der Erste von Meißen ließ die Wasserburg im 14. Jahrhundert errichten. Der Turm zeugt noch heute davon, der Rest wurde erst als Renaissance, später dann als Barockschloss umgestaltet. Beim Anblick des prächtigen pastellfarbenen Barockschlosses scheint das fast unglaublich, aber von 1860 bis 1926 diente es als Frauengefängnis. Erst 1929 kaufte die Stadt das Schloss und richtete dort ein Museum ein (barockschloss-delitzsch.com). Und noch heute hütet das Schloss so einige Geheimnisse: Unter dem Barockgarten liegt ein Luftschutzbunker, am Westgiebel des Schlosses gibt es Fenster, die keine sind, und auch ein verborgener Keller sorgt für Gänsehaut.

Rechts hinter dem Schloss führt ein kleiner Weg durch ein Tor hindurch. Rechts bis zur Straße fahren, erneut rechts abbiegen und kurz darauf links auf die Schkeuditzer Straße. Beim Naturlehrpfad-Schild auf die Schotterpiste fahren, dann rechts und an der zweiten Weggabelung nochmals rechts abbiegen. Hinter einem Hügel links und bis zum Rastplatz fahren. Nach einer kurzen Rast dem Rundweg nach rechts folgen.

KM 12,5

3 Bockwindmühle Zwochau
Die Welt steht still

Auf einer weiten Wiese steht die 1806 in Schkeuditz erbaute Windmühle, die in ihrem langen Dasein bereits zweimal umziehen musste. Und für echte Frauenpower sorgte: Nach dem Zweiten Weltkrieg erhielt Elly Müller (spätere Perl) als »erster weiblicher Müllergeselle in der Ostzone« die Gewerbeerlaubnis für die Mühle. Ein Meilenstein. 1956 musste die Mühle stillgelegt werden. Heute ist sie ein pittoreskes Ausflugsziel und ein schöner, stiller Ort für eine Pause. Hinter der Mühle gibt es sogar einen kleinen Picknickplatz.

Die Straße zurückfahren und rechts in die Baltzerstraße einbiegen. Dem Straßenverlauf drei Kilometer folgen.

KM 7

2 Naturlehrpfad Grabschützer See
In der Natur lernen

Die Seenlandschaft lässt sich vom Rastplatz aus besonders schön überblicken. Rechts davon kündigen zwei Weideroste (bitte absteigen!) die tierischen Bewohner an: Schottische Hochlandrinder, die hier als Landschaftspfleger dienen. Über die nächsten Kilometer entlang des Naturlehrpfades treffen Interessierte immer wieder auf Infoschilder, die über Landschaftsgeschichte, Geologie, Flora und Fauna informieren – oft kombiniert mit Picknickplätzen. Sogar aus Holz gebaute Fahrradständer gibt es. Wer sich Zeit lässt, bekommt vielleicht sogar unverhofften Besuch: Die hier lebenden Vögelchen sind neugierig.

Den Weg bis zum Parkplatz Grabschützer See folgen. Auf der Straße nach Zwochau radeln und links in die Leipziger Straße abbiegen.

Rastplatz mit Ausblick: Absteigen und den Blick in die Natur genießen.

Die über 200 Jahre alte Bockwindmühle ist bis heute in einem windgängigen und mahlfähigen Zustand.

KM 16

4

Schaufelrad

Zeitzeuge der Industriegeschichte

Die Ausmaße des Schaufelrads sind gigantisch, anders lässt es sich nicht sagen: Ein Koloss aus Stahl, 17 Meter im Durchmesser, 190 Tonnen schwer. Er gehört zu dem Schaufelradbagger SRs 6300, der zu den größten seiner Art zählt. Wer davorsteht, kommt sich winzig vor. Eine Frau klettert in eine der Schaufeln, nur der Kopf lugt noch heraus. Das Schaufelrad ist ein Zeitzeuge aus dem Tagebau Breitenfeld, heute ist es fest einzementiert. Neben dem Schaufelrad stehen weitere Reste von Tagebaugroßmaschinen, wie eine zwölf Meter lange Fahrwerksraupe.

Dem Rundweg gegen den Uhrzeigersinn folgen. An der Südspitze den unteren Weg, der direkt am Ufer entlangführt, wählen.

Das mächtige Schaufelrad konnte 14 000 Kubikmeter Braunkohle und Abraum pro Stunde fördern.

Traumhaft still ist es in den einsamen Buchten des Werbeliner Sees.

KM 19,4

5

Werbeliner See

Wer die Einsamkeit sucht

Das Wichtigste vorweg: Baden ist im 1998 entstandenen Werbeliner See verboten, dementsprechend einsam ist es in den kleinen Buchten. Es lohnt sich trotzdem, eine Pause an einem der vielen Rastplätzen zu machen. Denn in dem ausgewiesenen Natur- und Vogelschutzgebiet ist einiges los. Allein knapp 180 Vogelarten leben hier, darunter Seeadler, Schwarzkopfmöwen, Eisvögel und Rotmilane. Auch Baumfalken und Wespenbussarde suchen hier nach Nahrung. Im glasklaren Wasser des Werbeliner Sees leben Hechte, Plötze, Barsche und Aale.

Dem Uferweg bis zur asphaltierten Straße folgen. Kurz rechts und gleich wieder links in Richtung Brodau abbiegen. An der Schnellstraße links und nach gut hundert Metern wieder rechts abbiegen. Danach auf die Joachim-Bauer-Straße und an der B 184 weiter nach Delitzsch fahren. Rechts in die Mauergasse einbiegen und dann links in die Breite Straße.

EXTRA INFOS:

Ein ● **Eier- und Milchautomat** steht am Ende des Werbeliner Wegs in Brodau direkt an einem kleinen Parkplatz. Neben regionaler Milch und frischen Eiern werfen die Automaten auch Nudeln, Honig, Soljanka im Glas und Eierlikör aus.

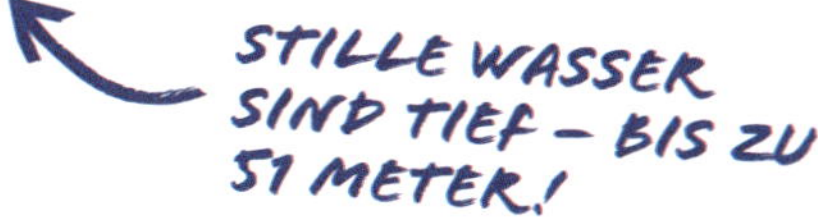

KM 28,4 » ZIEL

Bahnhof Delitzsch

KM 27,6

Sodann-Softeis

Einmal Softie sein

Softeis ist der Klassiker im Osten. Aber Granatapfel-Softeis ist dann doch eher selten – und so lecker, dass noch eine zweite Portion hermuss. Der Laden in der Breite Straße ist winzig. Gut, dass eine blaue Softeis-Fahne den Weg weist. Aus einem kleinen Ladenfenster heraus wird in den Größen klein, mittel, groß und super verkauft. Auch Shakes und Eisschokolade gibt es hier (sodann-catering.de). Zum Schlecken am besten die Straße runter laufen und rechts neben der St.-Peter-und-Paul-Kirche auf eine der Bänke setzen. Und schon ist man im Eishimmel!

Immer weiter geradeaus bis zum Bahnhof fahren.

Der Gaumen lacht und die Seele jauchzt: Eiszeit!

AUF EINEN BLICK

» **Start / Ziel:** Bahnhof Delitzsch
» **Strecke / reine Radelzeit:** 28,4 km (Rundtour), 2 Std.
» **Höhenmeter:** ↗24 m; ↘24 m
» **Wegbeschaffenheit:** Asphaltierte Radwege, ruhige Landstraßen und Kiesstrecken wechseln sich ab.
» **Beste Zeit:** Frühling bis Herbst.
» **Mitnehmen:** Fernglas zur Vogelbeobachtung, Platz im Rucksack für eine Flasche Milch – oder Eierlikör.

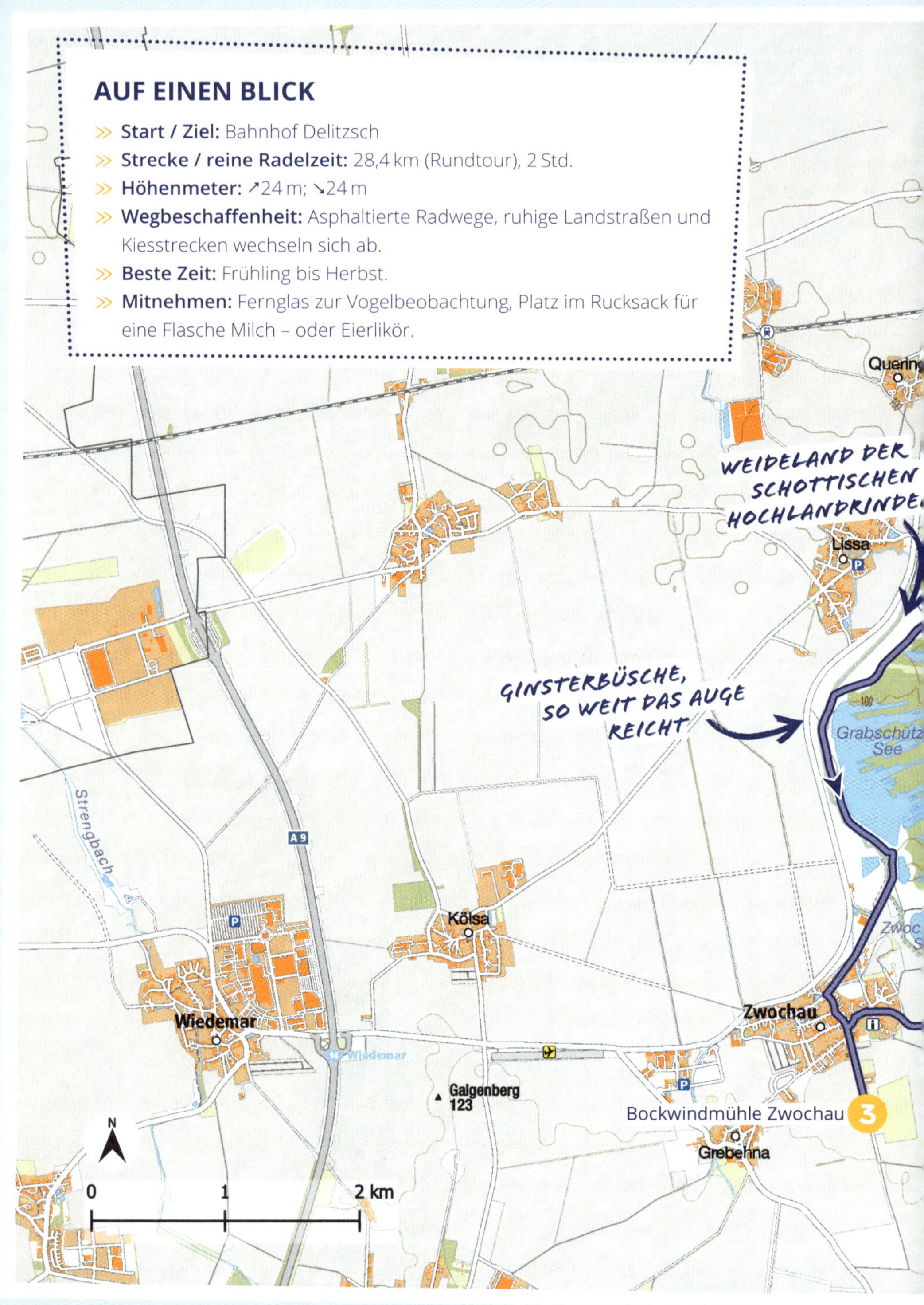

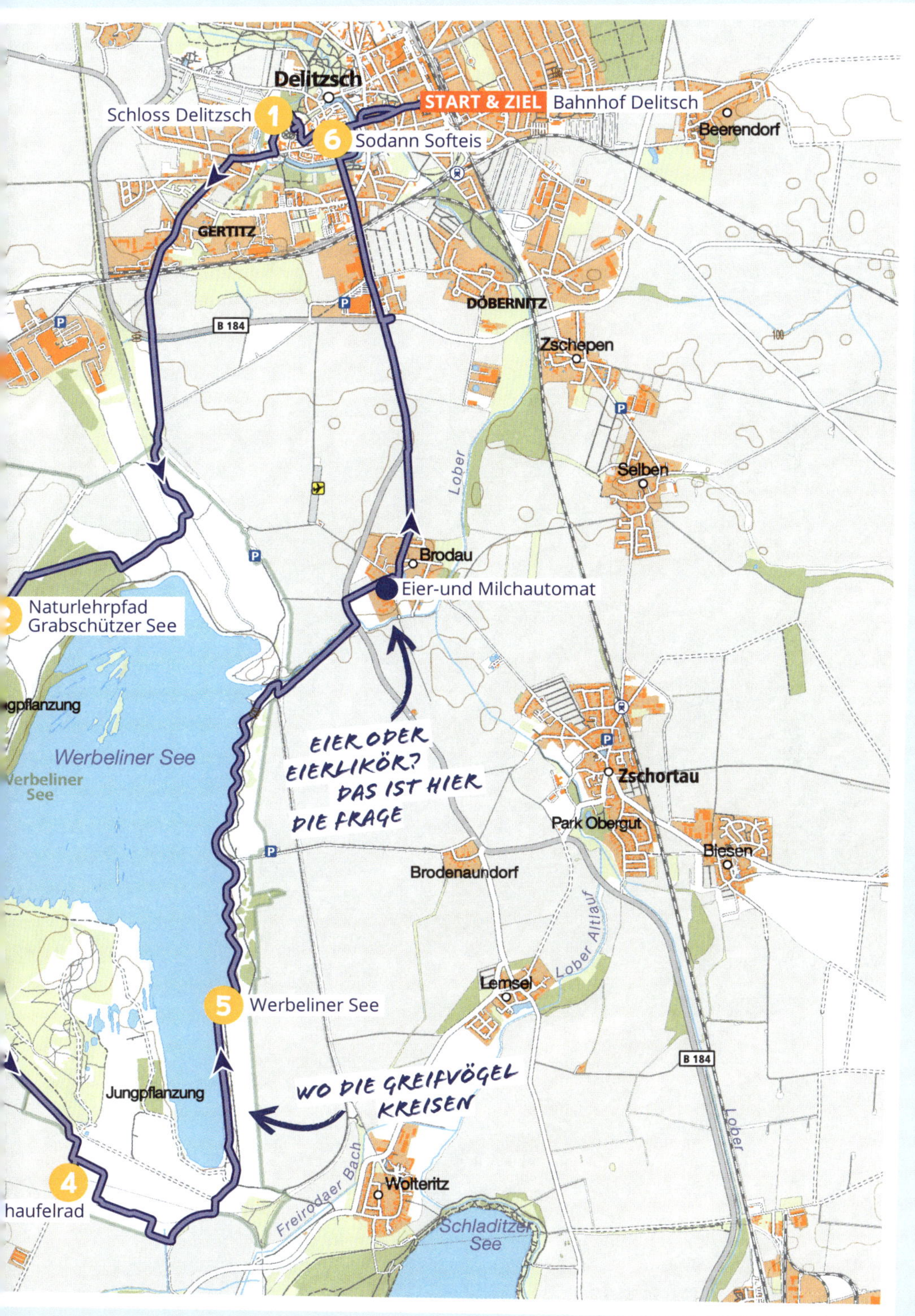

Delitzsch
START & ZIEL Bahnhof Delitzsch
Schloss Delitzsch
1
6
Sodann Softeis
Beerendorf
GERTITZ
DÖBERNITZ
B 184
Zschepen
Selben
Brodau
Eier-und Milchautomat
Naturlehrpfad
Grabschützer See
Werbeliner See
EIER ODER EIERLIKÖR? DAS IST HIER DIE FRAGE
Zschortau
Park Obergut
Biesen
Brodenaundorf
Lober
Lober Altlauf
Lemsel
5
Werbeliner See
B 184
WO DIE GREIFVÖGEL KREISEN
Jungpflanzung
4
Freirodaer Bach
Wolteritz
Schladitzer See

DIE RADELPAUSEN

» START
Bahnhof Eilenburg

KM 1

1 Marktplatz Eilenburg
Wer sucht, der findet

KM 4,6

2 Kiesgrube Eilenburg
Mal laut, mal leise

KM 12,5

3 Picknick an der Mulde
Traumhafte Aussichten

DIE 5 UFER DER MULDE

Von Eilenburg bis Gruna und auf der anderen Flussseite zurück

Der schnellste Fluss Europas begleitet die Radtour in die Region nördlich von Eilenburg. Dort gibt es wilde Wiesen, Ackerland und eine Fähre, die ihre Gäste staunen lässt. Auf der anderen Flussseite wartet ein Schlosspark mit einem Hauch von Mystik.

KM 16,8

4 Fähre Gruna
Mit Wasserkraft über den Fluss

KM 17,5

5 Schlosspark Hohenprießnitz
Zeitreise im Grünen

KM 29,7

6 Planetenwanderweg
Unser Sonnensystem im Schnelldurchlauf

KM 35,7 » ZIEL

Bahnhof Eilenburg

EINE WAHRLICH SCHÖNE REISEBEGLEITERIN ...

... ist die Mulde. Sie schlängelt sich sanft durch die Landschaft und sorgt für sattgrüne Wiesen an ihrem Flusslauf. Schon kurz hinter dem **Eilenburger Marktplatz** fällt der Blick auf den Fluss, der mit hoher Geschwindigkeit unter der Brücke in der Nähe des Wasserturms hindurchfließt. Zum Baden eignet er sich nicht. An heißen Tagen lohnt sich daher ein Abstecher zur **Eilenburger Kiesgrube** – dort ist Abkühlung garantiert!

Danach geht es raus aus der Stadt und an Wiesen und Weihern vorbei an die **Ufer der Mulde**. Jetzt fehlt nur noch das perfekte Picknickplätzchen. Und davon gibt es viele. Vom Kamm des Deichs ist der Blick auf den Flusslauf besonders schön. Durch die Aue hindurch führt der Radweg weiter zur **Fähre in Gruna**. Einmal kurz beim Fährmann klingeln, schon geht es mit der Seilfähre über die Mulde.

DER SCHÖNSTE MOMENT: VOM DEICH HERAB DER MULDE BEIM FLIESSEN ZUSCHAUEN

Am anderen Ufer ist der Fluss vom Wald gesäumt. Im Hochsommer ist die kühle Luft eine Wohltat für den Körper. Wer dem Schild zum Schloss folgt, kommt schon bald am **Schlosspark Hohenprießnitz** an. Hier sollte man unbedingt kurz abbiegen und eine Runde durch den weitläufigen Park drehen. Am Schlossteich kann man einen tollen Blick auf die Rückseite und den opulenten Garten des Schlosses vor die Kameralinse nehmen.

Nach einer Runde durch Hohenprießnitz geht es gut zwei Kilometer auf der Landstraße bis in den kleinen Ort Zschepplin. An einer Kurve der Mulde vorbei führt der Weg durch Hainichen zurück nach Eilenburg. Wer noch Kraft in den Beinen übrig hat, sollte kurz vor dem Abzweig zum Bahnhof noch eine kleine Extrarunde auf den **Planetenwanderweg** zurücklegen. An seinem Ende heißt es dann: »Tschüss Mulde, es war schön mit dir!« Nach einem letzten Blick auf den Fluss geht es zurück zum Bahnhof. «

Birnen, Äpfel und Kirschen wachsen an den Bäumen der Streuobstwiese in Hainichen.

Der Wasserturm unweit der Mulde prägt die Silhouette Eilenburgs.

Cooler als gedacht: Eilenburg hat mehr zu bieten, als viele Gäste auf den ersten Blick glauben.

RADELN & GENIEßEN

START

Bahnhof Eilenburg

Den Kreisverkehr vor dem Bahnhof auf der Bahnhofsstraße in Richtung Innenstadt verlassen. Nach etwa einem Kilometer befindet sich der Marktplatz auf der rechten Seite.

Pünktlich zum Frühjahrsbeginn blüht die Eilenburger Blumenuhr auf.

Der Brunnen erinnert an die Sage von den Heinzelmännchen zu Eilenburg.

KM 1

1 **Marktplatz Eilenburg**

Wer sucht, der findet

Auf den ersten Blick scheint der Marktplatz in Eilenburg kaum einen Stopp wert zu sein. Nur das blumenbepflanzte Rathaus und die Kirche St. Nikolai stechen hervor. Doch wie so oft lohnt sich ein genauerer Blick. So entdecken Aufmerksame eine Erinnerungstafel an der Rathaustreppe, die mit einer Liedzeile von Wolf Biermann an die Demonstrationen im Wendeherbst 1989 erinnert – und an die turbulente Geschichte des Platzes. Auch der im Jahr 2000 neu gestaltete Marktbrunnen mit seinem Heinzelmännchen und steinernen Rittern ist ein detailreicher Hingucker. Und wer findet die bunte Blumenuhr ganz in der Nähe des Marktplatzes?

Rechts auf die Torgauer Straße, die Mulde überqueren und dem Straßenverlauf weiter bis zum See folgen.

Badespaß in der Kiesgrube: Hier ist Schwimmen erlaubt.

KM 12,5

3 Picknick an der Mulde

Traumhafte Aussichten

Dieser Moment, wenn das Fahrrad den Kamm des Deiches erreicht und der Blick auf die Mulde und die Wiesen am Flussufer fällt – unvergesslich. Die Mulde schlängelt sich bis nach Gruna sanft durch die Landschaft. Der Fahrradweg trifft immer wieder auf den Fluss und seine weiten, menschenleeren Uferwiesen, die für ein Picknick oder eine kleine Rast wie gemacht sind. Schattenplätze sind allerdings rar. Und nicht erschrecken, wenn plötzlich ein lauter Flügelschlag ganz in der Nähe erklingt. Hier sitzen Greifvögel auf hölzernen Ansitzstangen. Die meisten Vögel heben ab, sobald Menschen sich ihnen nähern.

Dem ausgeschilderten Radweg an der Mulde entlang bis zur Fähre Gruna folgen.

KM 4,6

2 Kiesgrube Eilenburg

Mal laut, mal leise

Mal laut und trubelig, dann wieder ganz still und leise: Durch den Abbau von Kies und Sand entstanden, ist die Eilenburger Kiesgrube heute ein attraktives Ausflugsziel. An der Westseite liegt ein schön gestaltetes Freizeit- und Erholungszentrum mit Campingplatz und allerlei Freizeitangeboten: Bolz- und Volleyballplätze, Spielburg und viel Platz auf den weiten Liegewiesen und Stränden (samt FKK-Strandabschnitt). Die Eintrittspreise sind günstig. Wer an der Süd- und Ostseite entlangfährt, findet kleine Strände und Seezugänge. Im Norden des Sees wird nach wie vor Kies und Sand abgebaut.

Die Torgauer Landstraße wieder ein Stück zurückfahren. Rechts auf die Rosa-Luxemburg-Straße einbiegen und dem Straßenverlauf bis zum Radweg-Abzweig nach Mörtitz folgen. In Möritiitz rechts in die Gartenstraße reinfahren. Dann links in Richtung Friedhof am Feld entlang. Beim Friedhof rechts und dann dem ausgeschilderten Radweg bis zur Mulde folgen.

Blütenpracht am Wegrand: Auf den weiten Wiesen am Deich blüht, kreucht und fleucht es.

Von Anfang April bis Ende Oktober setzt die Fähre von Gruna nach Hohenprießnitz rüber.

KM 16,8

4 Fähre Gruna

Mit Wasserkraft über den Fluss

Ist der Fährmann nicht in Sicht, müssen Fahrgäste die Klingel am Fährhaus drücken und sich einen Moment gedulden. Schon kommt der Fährmann auf einem Fahrrad vom nahegelegenen Ausflugslokal Fährhaus Gruna herbei. Auf der kurzen Überfahrt erklärt er, wie die Fähre funktioniert. Und das ist ziemlich beeindruckend. Der Fluss fließt so schnell, dass die Fähre an einem Seil entlang, nur durch die Kraft des Wassers und die richtige Stellung des Ruders von der einen auf die andere Seite getrieben wird.
Wer hungrig an der Fähre ankommt, sollte vorher auf jeden Fall noch einen Stopp im Fährhaus Gruna einplanen. Dort gibt es frisch zubereitete, gutbürgerliche Küche. Die Kartoffeln und das Gemüse kommen von Grunaer Bio-Bauern (www.faehrhaus-gruna.de).

Mit der Fähre übersetzen und dann rechts bis zum Schild »Schlosspark Hohenprießnitz«.

KM 17,5

5 Schlosspark Hohenprießnitz

Zeitreise im Grünen

Eine lange, steinerne Treppe führt von Schloss Hohenprießnitz den Hügel hinab. Zahlreiche weiße Statuen, ein Springbrunnen und Steinbänke schmücken den Hang. Der Blick vom unten liegenden Schlossteich, der das Schloss vom öffentlich zugänglichen Park trennt, ist bilderbuchreif. Eine kleine Rundfahrt (oder ein Spaziergang) durch den weitläufigen Schlosspark, der in die Auenlandschaft und Altwasserarme der Mulde eingebettet ist, lohnt sich. Der Park hat mit seinen historischen Denkmälern und moosbewachsenen Säulen etwas Mystisches. Auch zahlreiche Fledermausarten wohnen hier (www.schloss-hohenpriessnitz.de).

Aus dem Park heraus links abbiegen und den Schildern zum Schloss Hohenprießnitz folgen. Auf der B 107 bis nach Zschepplin radeln. Dort in die Alte Dübener Straße und dem ausgewiesenen Radweg in Richtung Eilenburg folgen. Durch Hainichen bis zur Burg Eilenburg. Links in die Bergstraße und dann gleich wieder rechts auf den Fischerweg abbiegen. Hinter der Garagenkolonie links, dann am Mühlgraben entlang und über die nächste Brücke.

Die Parkanlage des Schlosses Hohenprießnitz ist rund 30 Hektar groß.

Auf dem Rad durchs Universum? Auf dem Planetenwanderweg ist das möglich.

EXTRA INFOS:

Aus der alten Waage und dem Wiegehäuschen in Zschepplin ist die ● **»Bücherwaage«** geworden – eine Tauschbörse für ausrangierte Bücher. Wer mag, kann sich ein Buch aus den Regalen schnappen und an einem der Rasttische darin schmökern.

Aus der Zeltöffnung direkt auf den See blicken? Auf dem Gelände des **Freizeit- und Erholungszentrums** an der Kiesgrube in Eilenburg ist das möglich (www.camp-eb.de).

KM 29,7

6 Planetenwanderweg

Unser Sonnensystem im Schnelldurchlauf

KM 35,7 » ZIEL
Bahnhof Eilenburg

Mit dem Fahrrad durch unser Sonnensystem radeln: Auf dem Planetenwanderweg legen die Menschen mit jedem Schritt etwa 1,5 Millionen Kilometer durch das Universum zurück. Mit dem Fahrrad geht es etwas schneller. Auf Tafeln stehen anschauliche Informationen zu den einzelnen Planeten. Die Sonne macht den Auftakt. Merkur, Venus, Erde, Mond und Mars folgen. Dann geht es erst mal ein Stück durch die Muldenaue, bevor die nächsten Planeten erreicht werden. Am Ende der 2,8 Kilometer langen Strecke wartet der Zwergplanet Pluto – und das 77 Meter breite Muldewehr Kollau.

Dem Planetenwanderweg bis zur Mulde folgen. Kurz vor dem Ausgangspunkt rechts abbiegen und am Tierparkzaun entlangfahren. Am Turm rechts abbiegen und der Bahnhofsstraße zum Bahnhof folgen.

Die alte Waage in Zschepplin ist heute Tauschbörse für Bücherfans.

AUF EINEN BLICK

- **Start / Ziel:** Bahnhof Eilenburg
- **Strecke / reine Radelzeit:** 35,7 km (Rundtour), 2 Std. 30 (plus Fährfahrt)
- **Höhenmeter:** ↗26 m; ↘26 m
- **Wegbeschaffenheit:** Asphaltiert, kurze Strecken auf Wald-, Pflaster und Kieswegen.
- **Beste Zeit:** Mai bis Herbstanfang.
- **Mitnehmen:** Picknickkorb, Fernglas zur Vogelbeobachtung, ein Tauschbuch für die Bücherwaage.

Freizeit- und Erholgunszentrum
an der Kiesgrube Eilenburg
2
BADEN UMSONST
B 87
Mulde Eilenburg
Bad Düben
Lübbisch
EILENBURG-OST
Herrenhaus
WASSERTURM IN SICHT
Mulde
1
Marktplatz Eilenburg
Eilenburg
EILENBURG-BERG
B 107
Schanz-Berg
137
6
Planetenwanderweg
START & ZIEL
Bahnhof Eilenburg
ALS ZAUNGAST BEI DEN TIERPARKTIEREN
NSG
Wedelwitzer Graben
Herrenhaus
Wedelwitz
Wölpern
B 87
B 107
Philipsberg
133
Das tiefe Wasser
GROITZSCH
Neues Herrenhaus Groitzsch
Buttermilchberg
129
Erbsengarten
N
0
1
2 km

Die Radelpausen

»Start
Bahnhof Merseburg

KM 0,8
1 Kaiserdom und Schloss Merseburg
Durch 1000 Jahre alte Mauern wandeln

KM 9,8
2 Strand Frankleben
Rein ins kühle Nass

KM 24,9
3 Marina Mücheln
Am Pier flanieren

6

DER SEE RUFT

Von Merseburg an den Geiselstalsee

Urlaubsfeeling vor der Haustür: Die Radtour rund um den größten künstlichen See Deutschlands führt an Sandstränden, Marinas und einer Seebrücke vorbei. Immer mit dabei: der Geruch von frischer Seeluft.

KM 26,6

4 Irrgarten »Im Urpferdchen«
Wo Verirren Spaß macht

KM 30,4

5 Seebrücke und Strandbar Bellini_79
Limo schlürfen mit Seepanorama

KM 32,8

6 Zentralwerkstatt Pfännerhall
Einen Ur-Elefanten besuchen

KM 43,9 » ZIEL
Bahnhof Merseburg

ZU DDR-ZEITEN HÄTTE WOHL NIEMAND GEDACHT, ...

... dass aus dem knapp 80 Meter tiefen Tagebaurestloch mal der größte von Menschenhand erschaffene Binnensee Deutschlands werden würde. Kristallblaues Wasser, kleine Häfen, traumhafte Aussichten und eine leichte Brise – Ostseefeeling pur am Geiseltalsee.

Schon der Auftakt der Tour ist geradezu sagenhaft. Der weitläufige Garten von **Schloss Merseburg** führt zur mächtigen Schlossanlage und dem **Kaiserdom**, beides herausragende Baudenkmäler an der Straße der Romanik. Zahlreiche Mythen ranken sich um das altehrwürdige Ensemble hoch über der Saale.

DER SCHÖNSTE MOMENT: VOM WEINBERG HINUNTERSAUSEN UND SICH BEI SCHÖNSTER AUSSICHT SANFT IN DIE KURVEN LEGEN

Doch der See ruft. Der Weg dorthin führt zunächst durch das Merseburger Stadtgebiet und dann durch Felder zum **Strand Frankleben**. Danach gewinnt die Strecke zunehmend an Höhe, die Ausblicke werden weiter. Ganz oben erstreckt sich ein Weinberg den Hügel hinab. Kurvenreich geht es abwärts. Der Weg führt am Strand von Stöbnitz vorbei bis zur **Marina Mücheln**, wo Jachten sanft im Wind schaukeln.

Für die Lachmuskeln ist der **Irrgarten »Im Urpferdchen«** eine echte Stressprobe – spätestens, wenn man zum fünften Mal (das gibt es doch nicht!) an derselben Stelle vorbeikommt. Wer von der Suche nach dem richtigen Weg durchgeschwitzt ist, sollte auf den nächsten Kilometern die Augen offenhalten. Überall führen kleine Pfade hinunter an den See. Einsame Badebuchten, kleine Strände – ein Paradies! Der schönste Fotospot am See ist die langgezogene **Seebrücke** in Braunsbedra, die man an ruhigen Tagen bis weit in den blauen See hinein befahren kann. Danach heißt es: Schuhe aus und Füße rein in den Sand der **Strandbar Bellini_79**.

Zur **Zentralwerkstatt Pfännerhall** führt der Radweg durch ein schattenspendendes Wäldchen. Kühlende Luft auf der heißen Haut – herrlich! Die riesige Nachbildung eines eurasischen Waldelefanten will noch bestaunt werden, bevor es zurück nach Merseburg geht. Tschüss Südseetraum! «

RADELN & GENIEẞEN

Bahnhof Merseburg

Gegenüber vom Hauptbahnhof in die Poststraße reinfahren und hinter einer Linkskurve gleich rechts in die Hälterstraße abbiegen. Sie führt einen sanften Hügel hinauf bis zum Schlossgarten.

Am nördlichen Ende des Schlossgartens befindet sich der Schlossgartensalon mit Orangerie.

KM 0,8

1 **Kaiserdom und Schloss Merseburg**

Durch 1000 Jahre alte Mauern wandeln

Es wäre eine Schande, dort keinen Stopp einzulegen. Einmal in Merseburg, ist ein kurzer Abstecher auf der hoch über dem Saale gelegenen, mittelalterlichen Dom und Schloss samt Schlossgarten ein Muss. Der Dom St. Johannes und St. Laurentius war schon vor 1000 Jahren der Lieblingsort des einzigen je heiliggesprochenen Kaiserpaars, Heinrich II. und Kunigunde. Vom Dach des angrenzenden Schlosses gurren die Tauben, während das Rabenpärchen in seiner Voliere vor dem Schloss still auf den Ästen sitzt – fast so, als würden sie aus Trotz nicht krächzen. Der Schlossgarten mit Obeliskenpaar, Orangerie und Salon ist besonders fotogen. An seiner Ostseite fließt, weit unten, die Saale entlang. Kurz vor der Orangerie ist der Blick auf den Fluss besonders schön.

Das Merseburger Schloss vereint Stilelemente aus der Spätgotik und Renaissance.

Den Weg zurück zum Bahnhof nehmen und links abbiegen. Am Kreisel in die Teichstraße, dann links in die Geusaer Straße. Der Ausschilderung Chemie-Museum folgen. Dort vorbeiradeln und dann rechts abbiegen. Nach dem kleinen Wäldchen rechts und dem Wegweiser mit dem Logo der Salzstraße folgen. Über die Autobahn und durch Reipisch nach Frankleben weiterfahren. Auf der Vorfahrtsstraße rechts und gleich wieder links abbiegen. Dann den Radwegweisern zum Strand folgen.

KM 9,8

2 Strand Frankleben

Rein ins kühle Nass

Der Strand bei Frankleben taucht so unvermittelt vor einem auf, da muss man einfach bremsen und eine Pause einlegen. Leise schwappt das Wasser ans Ufer und lockt die Badegäste an. Ob mit dem Handtuch im Sand, der Decke auf der Wiese oder am Picknicktisch – es gibt reichlich Platz. Also die Beine ausstrecken, zurücklehnen und die leichte Brise um die Nase wehen lassen. Die frische Seeluft heizt den Hunger an? Kein Problem. Die Imbissbuden am Strand verkaufen Thüringer Bratwurst, Pommes, Softeis und Fassbrause.

Vom Strand aus entgegen dem Uhrzeigersinn auf den beschilderten Rundweg fahren.

Ostseefeeling am Badestrand in Frankleben – Frische Seeluft inklusive.

KM 24,9

3 Marina Mücheln

Am Pier flanieren

Wer an einem schönen Sommertag in die Marina einfährt, wähnt sich im Sommerurlaub an der Ostsee. Sobald die Wassersportsaison startet, kehrt das Leben hierher zurück. 200 Wasserliegeplätze gibt es mittlerweile, und die sind im Sommer prall gefüllt. Auch eine Segelschule hat hier ihr Revier. Für Bootfans gibt es also allerhand zu gucken. Da macht das Flanieren am Pier Spaß. Mit dem Hafenkontor, dem Pier 5 (pier5-geiseltalsee.de) und dem Fischrestaurant Zur Forelle (mit fangfrischen Forellen aus der eigenen Zucht, www.forellenanlage-schmidt.de) gibt es in der Marina für jeden Geschmack das passende Angebot. Maritimes Ambiente pur!

Dem Rundweg weiter folgen.

Wo ist nur der Ausgang? Das Labyrinth ist ein großer Spaß für die ganze Familie.

KM 26,6

Irrgarten »Im Urpferdchen«

Wo Verirren Spaß macht

Direkt am Fahrradweg liegt der Hecken-Irrgarten »Im Urpferdchen«. Den Namen hat er von einem 50 Millionen Jahre alten Fossil, das beim Abbau der Geiseltaler Braunkohle entdeckt wurde. 3800 Hainbuchen säumen den 678 Meter langen Weg. Die Form des Irrgartens erinnert an das Urpferdchen. Ein Schild weist zum Eingang. Und dann geht es los. Chapeau, wer den Ausgang direkt findet. Das ist nämlich gar nicht so leicht. Immer wieder endet der Weg in einer Sackgasse oder führt im Kreis. Ein großer Spaß!

Weiter auf dem Rundweg fahren.

Die Marina in Mücheln: Schlendern, schlemmen und den Ausblick genießen.

Palmen, eine bunte Cocktailbar und feiner weißer Sand – Karibik-Feeling pur!

KM 30,4

5

Seebrücke und Strandbar Bellini_79

Limo schlürfen mit Seepanorama

Im Bellini_79 gibt es auch Driver's Cocktails – oder hausgemachte Limonaden.

Der Anblick vom höher gelegenen Radweg auf die Marina Braunsbedra im Süden des Geiseltalsees ist verlockend: In der sichelförmigen Steganlage reihen sich die Boote aneinander, eine Seebrücke führt tief in den See hinein. Aus den Cafés und Bars schallt leise Musik den Hang hinauf. Vorbeiradeln? Unmöglich! Die Marina ist auch der Heimathafen der MS Geiseltal. Das große weißblaue Fahrgastschiff fährt ab Mai immer von Mittwoch bis Sonntag mehrmals täglich über den See (www.ms-geiseltalsee.de). Auf der rund 75-minütigen Tour erzählt der Kapitän alles Wissenswerte rund um den Geiseltalsee. Echtes Urlaubsfeeling kommt in der Strandbar Bellini_79 auf. Besonders lecker und erfrischend: die hausgemachte Limonade.

Wieder hoch auf den Rundweg und dann den Schildern zur Zentralwerkstatt Pfännerhall folgen.

KM 32,8

6 Zentralwerkstatt Pfännerhall

Einen Ur-Elefanten besuchen

Ein verrußter Schornstein kündigt die Zentralwerkstatt Pfännerhall auf der rechten Seite an. In den 1920er Jahren als mechanische Werkstatt für die Bergbauindustrie erbaut, ist die Zentralwerkstatt Pfännerhall heute ein Besucher- und Informationszentrum. Die Rekonstruktion eines lebensgroßen Waldelefanten mit einer Höhe von 3,80 Metern ist das Highlight der ständigen Ausstellung »Fundort Pfännerhall«. Bagger fanden die Überreste von europäischen Waldelefanten im Braunkohletagebau Neumark. Sie starben in der letzten Eiszeit aus. Auch ein Replikat des Urpferdchen-Fossils ist in den Räumen zu sehen (www.pfaennerhall-geiseltal.de).

Dem Rundweg bis zum Strand Frankleben folgen, dort abbiegen und die Hinweg-Strecke wieder zurückfahren.

EXTRA INFOS:

Besonders schön ist der Ausblick von dem Aussichtsturm auf der ● **Klobikauer Höhe**. Dort ist der perfekte Platz für eine entspannte Rast. Den beschilderten Abzweig vom Rundweg hinterm Strand Frankleben am besten zu Fuß folgen.

Die ● **Straußwirtschaft am Weinberg Goldener Steiger** liegt direkt am Radweg. Von der Terrasse aus können Gäste bei einem Gläschen Silvaner und einer Fettbemme großartige Panoramablicke genießen.

In der Marina Braunsbedra halten verschiedene Anbieter ● **Hausboote und schwimmende Häuser** vor. Einen schöneren Ort für den Sonnenuntergang über dem Geiseltalsee samt Übernachtung gibt es wohl nicht.

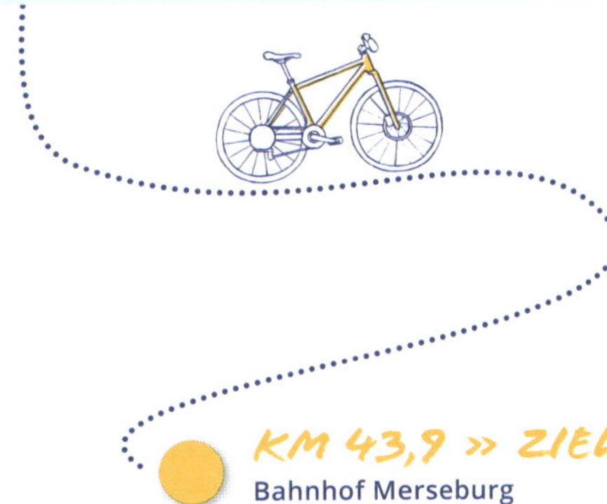

KM 43,9 » ZIEL

Bahnhof Merseburg

Mehr als 70 riesige Waldelefanten förderte der Tagebau zutage.

EINST LEBTEN SIE HIER – DIE UR-ELEFANTEN!

AUF EINEN BLICK

» **Start / Ziel:** Bahnhof Merseburg
» **Strecke / reine Radelzeit:** 43,9 km (Rundtour), 3 Std. 30
» **Höhenmeter:** ↗115 m; ↘115 m
» **Wegbeschaffenheit:** Großteils asphaltierte Wege, nur kurze Kiesstrecken.
» **Beste Zeit:** Mai bis Ende September.
» **Mitnehmen:** Badezeug, Sonnenhut oder -mütze für Bootstour

Merseburg
Petri-Kloster 10.Jh.
1 Kaiserdom und Schloss Merseburg
Bahnhof Merseburg START & ZIEL
NEUMARKT (VORSTADT)
Vorderer Gotthardteich
Saale
Mittelkanal
Alte Saale
Trebnitz
Werder
Parkplatz Geiseltal
A 38
Geusa
Ellern
Klia
Klyegraben
NSG
Geisel
Zscherben
ÖSien
OCKENDORF
RÖSSEN
Leuna
B 91
KÖTZSCHEN
Beuna (Geiseltal)
Reipisch
Schloß Frankleben
2 Strand Frankleben
Merseburg-Süd
Frankleben
SEELUFT ATMEN
Runstädter See
Kippe
Großkayna
Großkaynaer See
Bergbaufolgelandschaft Kayna-Süd

DIE RADELPAUSEN

» START
S-Bahnhof Slevogtstraße

KM 5,2
1 Zierlich Manierlich
Leckereien auf die Hand

KM 8
2 Auwald
Den Duft der Natur genießen

KM 20,1
3 Marina Cospudener See
Maritimes Lebensgefühl pur

7 DEM PARADIES SO NAH

Durch die Leipziger City und den Auwald

Stinkende Autos, Hochhausschatten und der Stadtlärm sind auf dem Weg zum Cospudener See schnell vergessen. Auch wenn die Route eigentlich mitten durch Leipzig führt, landet man doch ganz weit draußen in der Natur.

KM 22,7
4 Nordstrand
Längster Sandstrand Sachsens

KM 26,3
5 Wildpark
Als Zaungast bei den wilden Tieren

KM 34,7
6 Rosentalturm
Wackeln im Wind

KM 37,5 » ZIEL
S-Bahnhof Slevogtstraße

DIE GERÄUSCHE DER STADT VERKLINGEN …

… nur wenige Minuten nach dem Start dieser Tour. Von der S-Bahnstation Slevogtstraße führt der Weg zunächst auf den Damm an der Neuen Luppe. Weite Wiesen, kleine Wäldchen, dazu der Flusslauf – die Großstadt schweigt. Doch taucht sie immer wieder kurz auf: das Stadion, kleine Wohnviertel, die Leipziger Universität. Nicht nur Freizeitradler:innen, sondern auch Pendler:innen nutzen die Strecke, dementsprechend belebt ist sie zu Stoßzeiten.

DER SCHÖNSTE MOMENT: WENN DIE FÜSSE IN DEN FEINEN SAND AM NORDSTRAND EINTAUCHEN

Kurz vor dem Palmengartenwehr am Elsterbecken bieten weite Wiesen Platz für eine erste Pause. Wer keinen gut gefüllten Picknickkorb dabeihat, sollte den grünen Zirkuswagen samt Luke ansteuern. Im **Zierlich Manierlich** bereiten Julia und ihr Team allerhand Köstlichkeiten und selbstgemachte Limo zu. Mit gut gefülltem Magen geht es am Elsterflutbett entlang bis in den **Auwald** hinein. Die Luft hier ist herrlich kühl. Schattenplätze gibt es zur Genüge. Erst mal durchschnaufen, bevor es an den Cospudener See geht – und einmal rundherum. Am baumbewachsenen Seeufer schaukeln die Menschen in ihren Hängematten. Zugänge zum See gibt es reichlich.

»Urlaub«, schreit das Herz, »endlich Urlaub« – und sei es auch nur für einen Tag. Die **Marina** am Ostufer könnte mit den am Weg stehenden Surfboards, den Segelbooten und lachenden Menschen auf bunten Tretmobilen auch eine Flaniermeile an der Ostseeküste sein. Mehr Urlaubsfeeling geht nicht. Oder doch!? Wer den **Nordstrand** mit dem längsten Sandstrand Sachsens entdeckt, weiß: Da geht noch mehr. Chillige Beachmusik, feiner Sand, Cocktails und Liegestühle. Willkommen im Paradies.

Auf dem Weg zurück lohnt sich ein Abstecher durch den **Wildpark**. Die Wildschweine und ihre gestreiften Frischlinge suhlen sich hinter dem Zaun glücklich im Matsch. Zu süß, um nicht kurz stehen zu bleiben. Zum Sonnenuntergang darf das Fahrrad am Fuß des Scherbelbergs dann eine letzte Pause machen. Im Abendlicht ist der Ausblick vom **Rosentalturm** auf Leipzig besonders schön. «

Das Wolfsdenkmal am Eingang zum südlichen Auwald erinnert an die letzte Wolfssichtung 1720.

Die letzten Meter zum Cospudener See führen am Ufer der Weißen Elster entlang.

Auf der Südseite des Cossis genießen Entenfamilien auf dem Wasser die Ruhe.

RADELN & GENIEßEN

START

S-Bahnhof Slevogtstraße

Links auf die Slevogtstraße fahren, über die Weiße Elster und hinter dem Sportplatz rechts abbiegen. Auf den Damm hoch, dann unter der Eisenbahnbrücke hindurch und immer am Elsterbecken entlang bis zum Richard-Wagner-Hain.

So nah am Herzen der Stadt und doch so weit weg: der Auwald.

KM 5,2

Zierlich Manierlich

Leckereien auf die Hand

Direkt am Radweg steht von April bis Oktober ein grüner Zirkuswagen mit kleiner Fensterluke (Montag bis Freitag ab 12 Uhr, am Wochenende ab 10 Uhr). Dahinter bereitet seine Besitzerin süße und herzhafte Leckereien in Bioqualität zu: Quiche, Balkankäse mit Brot, Birne-Brie-Walnuss-Panini oder vegane Hotdogs. Gegen den Durst hilft ihre selbstgemachte Lavendel-Limo oder ein (schwarzer) Eistee mit Cranberry-Geschmack. Falls die Reifen schon ein bisschen platt sind, gibt es hier auch eine kleine Fahrradtankstelle – und auf den Wiesen drumherum massig Pausenplätze mit bestem Blick auf das Elsterflutbecken.

Dem Elsterflutbecken weiter folgen. Hinter der Rennbahn auf den Schleußiger Weg hochfahren. Rechts halten. Nach 200 Metern links auf »die Linie« abbiegen.

Ein Imbiss im Zirkuswagen: Inhaberin Julia begrüßt die Gäste mit einem Lachen.

KM 8

Auwald

2 Den Duft der Natur genießen

Die Luft kühlt merklich ab, während das Gezwitscher der Vögel deutlich zunimmt. Schon auf den ersten Metern im Auwald taucht man in eine andere Welt ein. Die Stadt scheint plötzlich weit weg zu sein. Sonnenstrahlen bahnen sich ihren Weg durch die Kronen der alten Bäume – ein faszinierendes Licht-und-Schatten-Spiel. Gerade an heißen Tagen ist jetzt der perfekte Zeitpunkt, tief durchzuatmen und eine Pause am Wegrand einzulegen. Rechts und links gehen überall kleine Pfade ab, die an Bächen oder Rastplätzen vorbeiführen.

Dem Weg durch den Auwald knapp zwei Kilometer folgen. Dann rechts abbiegen und der Beschilderung zum Elsterflutbett folgen. Das Flutbett durchqueren und auf der anderen Seite links über die Bahnschienen fahren. Der Brückenstraße bis zum Lauerschen Weg folgen. Dort einbiegen und bis zum Cospudener See radeln. Den See entgegen dem Uhrzeigersinn umfahren.

KM 20,1

Marina Cospudener See

3 Maritimes Lebensgefühl pur

Am Cospudener See, den die Leipziger liebevoll Cossi nennen, kommen echte Urlaubsgefühle auf. An den Bootsstegen der Marina Cospuden liegt eine kleine Armee an Tret- und Ruderbooten. Doch nicht nur auf dem Wasser ist was los. An der Hafenpromenade von Pier 1 warten unzählige blaue, pinke und mintfarbene Tretmobile auf Tagesausflügler:innen und Urlauber:innen. Manche flanieren gemütlich am Hafenbecken entlang, während auf der anderen Hafenseite die Saunagäste der Sauna im See (www.sauna-im-see.de) ihr erstes Bad im Cossi nehmen. Sogar eine Windsurf- und Katamaran-Segelschule (www.surfcenterleipzig.de) gibt es am Pier 1. Im dazugehörenden Shop werden auch SUP-Boards verliehen.

Den See weiter umfahren. Kurz hinter der Marina beginnen die Strände.

Marina Pier 1: Die Boote liegen vor Wind geschützt im Zöbicker Hafen.

Der längste Strand Sachsens erstreckt sich über einen Kilometer am Nordufer des Cossis.

KM 22,7

4 Nordstrand

Längster Sandstrand Sachsens

Nur ein paar Mal kräftig in die Pedale treten, schon liegt auf der linken Seite des Radwegs zunächst der Oststrand: Ein langer, breiter Strandabschnitt, mal feinsandig, dann wieder kieselig und mit vertrockneten Grasbüscheln garniert. Ein paar Bäume spenden Schatten. Schön ist es hier, aber es geht noch schöner: Nur wenige Radelminuten entfernt liegt der Nordstrand. Mit etwa einem Kilometer Länge und einer Breite von 70 Metern ist das der mit Abstand längste Sandstrand in Sachsen. Wer hier bei chilliger Beachmusik die Füße im Sand vergraben und dabei noch einen Cocktail in der Hand halten möchte, ist in der Hacienda Cospuden (www.hacienda-cospuden.de) genau richtig. Das Motto der Beachbar samt Outdoor-Küche lautet: Hola y bienvenido!

Am östlichen Rand des Strands links hochfahren. Hinter dem Kletterspielplatz erneut rechts abbiegen. Den Waldsee Lauer passieren. Dann rechts auf den Ziegeleiweg abbiegen und gleich wieder links durch die Unterführung hindurchfahren. Dem Weg in den Auwald hinein folgen. Am Wildschweingehege geht es rechts in den Wildpark hinein.

KM 26,3

5 Wildpark

Als Zaungast bei den wilden Tieren

Grunzend begrüßen die Wildschweine die Gäste am Zaun ihres Geheges. Auf der Suche nach Nahrung durchwühlen sie mit ihren Rüsseln fleißig die Erde. Ein kurzer Blick zu den Zaungästen, dann geht das große Schnüffeln und Graben weiter. Die Gehege im Wildpark sind groß und naturnah angelegt. Waschbären, Luchse, Otter, Wisente, Füchse und viele andere tierische Bewohner haben hier viel Platz zum Toben – und Verstecken. Wer die Tiere sehen will, muss Geduld mitbringen. Auch ein Feldstecher hilft. In der Haustierfarm im Wildpark (www.haustierfarm-leipzig.de) sind Groß und Klein den Tieren hingegen ganz nah. Der Eintritt dort ist allerdings nicht frei, im Gegensatz zum Wildpark, wo Spenden auf freiwilliger Basis gesammelt werden.

Durch den Park hindurch bis zur Koburger Straße fahren. Links in Richtung Connewitz abbiegen. Weiter auf der Wolfgang-Heinze-Straße (später Karl-Liebknecht-Straße) bis zur Riemannstraße fahren. Dort links einbiegen und weiter bis zur Karl-Tauchnitz-Straße. Rechts abbiegen und am Kreisel die dritte Ausfahrt nehmen. An der Red Bull Arena vorbei bis zum Parkplatz Sportforum Nord fahren. Dort scharf rechts und an der nächsten Abzweigung wieder rechts einbiegen. Am Grillplatz vorbei bis zum Hügel. Fahrrad abstellen und hochlaufen.

König und Königin warten am Spielplatz im Wildpark auf hochherrschaftliche Gäste.

Stufen müssen erklommen
den, bis alle Baumkronen
er einem liegen.

EXTRA INFOS:

Spielplatz-Zeit! Wer mit Kindern unterwegs ist, sollte unbedingt einen Stopp am ● **Spielplatz im Wildpark** einplanen – einem der schönsten Spielplätze der Stadt (bei Km 26,6).

Am Fuße des 35 Meter hohen Aussichtsturms auf der Bistumshöhe steht der ● **Shambala-Imbiss**. Hier gibt es Wildbratwürste, Crêpes und eisgekühlte Getränke.

Am Abend, wenn der Trubel sich legt, ist es am Cossi besonders schön. Am ● **Pier 1** können Radelmüde in Ferienwohnungen, Matrosen- oder Admiralskajüten übernachten (www.leipzigseen.de/uebernachten).

KM 34,7

6 Rosentalturm
Wackeln im Wind

Auf dem ›Gipfel‹ des künstlich angelegten Scherbelbergs, versteckt zwischen Bäumen und Büschen, steht der Rosentalturm. Das 20 Meter hohe Stahlkonstrukt, das den Spitznamen Wackelturm trägt, macht vor allem an besucherreichen Tagen seinen Namen alle Ehre. Je höher es hinaufgeht, desto wackeliger wird es. Der Turm scheint unter dem Stapfen der Menschen regelrecht zu erzittern, wenn dann noch eine kleine Windböe hinzukommt, braucht es für den Weg an die Turmspitze schon ein bisschen Mut. Doch die Zitterpartie lohnt sich: Oben bieten sich Mutigen Panoramablicke über die gesamte Stadt.

Auf den Hauptweg (Marienweg) im Wald zurückkehren. Rechts über die Weiße Elster hinüber bis zur Bahnunterführung fahren. Rechts abbiegen und auf den Damm hochradeln. Vor dem Sportplatz rechts den Abzweig zum kleinen Kiesweg nehmen. Am Sportplatz vorbeifahren, dann links abbiegen und dem Straßenverlauf bis zur S-Bahn-Haltestelle folgen.

KM 37,5 » ZIEL

S-Bahnhof Slevogtstraße

Es wackelt im Wald: Der Wackelturm liegt auf einer kleinen Anhöhe im Rosental. Der Ausblick: Spektakulär!

AUF EINEN BLICK
» Start / Ziel: S-Bahnhof Slevogtstraße
» Strecke / reine Radelzeit: 37,5 km (Rundtour), 2 Std. 30
» Höhenmeter: ↗25 m; ↘25 m
» Wegbeschaffenheit: In der Innenstadt und rund um den Cossi asphaltierte Wege, im Auwald und im Rosental ausgebaute Waldwege.
» Beste Zeit: Vom Frühling bis in den Spätsommer hinein.
» Mitnehmen: Badezeug, Fernglas für Tierbeobachtung.
START & ZIEL S-Bahnhof Slevogtstraße
FLUSSAUSSICHTEN
6 Rosentalturm
WASSERRAUSCHEN AM PALMENGARTENWEHR
1 Sommercafé Zierlich Manierlich
2 Auewald
KÜHLE SCHATTENPLÄTZCHEN
MÖCKERN
EUTRITZSCH
MOCKAU-SÜD
Auwald der nördlichen Rietzschke
OHLIS
SCHÖNEFELD-ABTNAUNDORF
Schloss Schönefeld
Gohliser Schlösschen
Das Niederholz
ZENTRUM-NORD
ZENTRUM-NORDWEST
ZENTRUM-OST
NEUSTADT-NEUSCHÖNEFELD
LEIPZIG
VOLKMARSDORF
Weiße Elster
ZENTRUM-WEST
ZENTRUM
ZENTRUM-SÜD
REUDNITZ-THONBERG
Rückmarsdorfer Halde 146
NEULINDENAU
LINDENAU
Die Warze 112
Nachtigallenwald
PLAGWITZ
Die Nonne
SÜDVORSTADT
ZENTRUM-SÜDOST
GRÜNAU-OST
SCHLEUSSIG
SCHÖNAU
Neupflanzung
Groß-Miltitz
Villa Sack (Parkschloss
Karl-Heine-Holz
Freibad
B 6
S 1
B 6;B 87
B 2
B 87

5 Wildpark Leipzig
Spielplatz
4 Nordstrand
3 Marina Cospudener See
Ferienwohnungen
und -kajüten am Pier 1
Imbiss Shambala
ESEL, YAKS
UND KÜHE
AM WEGRAND
Cospudener See
Markkleeberger See
Markkleeberg
CONNEWITZ
LÖSSNIG
Der Stempel
Das Mühlholz
Der Dachsbau
Der Horst
Braunkohlewald
RASCHWITZ
DÖLITZ-DÖSEN
MARKKLEEBERG-MITTE
Weinteichsenke
MARKKLEEBERG-WEST
MARKKLEEBERG-OST
ZÖBIGKER
GROSSSTÄDTELN
KLEINSTÄDTELN
GASCHWITZ
Großdeuben
Neue Harth
Alte Harth
Prödeler Teiche
Waldsee Lauer
NSG
Deponie Küchenholz 155
GROSSZSCHOCHER
WINDORF
Siedlung Florian Geyer
Naturbad Südwest
Knautkleeberg
Fortunabad
ALBERSDORF
KNAUTKLEEBERG-KNAUTHAIN
Knauthain
Schloss Knauthain
Rehbach
Hartmannsdorf
HARTMANNSDORF-KNAUTNAUNDORF
Knautnaundorf
SIEDLUNG
S 46
B 186
B 2
A 38
N
0
1
2 km

DIE RADELPAUSEN

» START
Hauptbahnhof Leipzig

KM 2,1
1 Brothers Bäckerei & Café
Börek, Baklava und Pide für unterwegs

KM 11,4
2 Trabrennbahn Panitzsch
Sporteln mit Tribünenblick

KM 18,4
3 Bergkirche Beucha
Baden im Steinbruch

8 IM OSTEN VIEL NEUES

Zwischen dem Leipziger Hauptbahnhof und Machern

Das Tosen der Stadt verebbt langsam, der Blick weitet sich. Wer Leipzig Richtung Osten verlässt, darf sich auf einige eher unbekannte Landschaftsperlen und versteckte Wohlfühlorte freuen. Langweile? Fehlanzeige! Ein bisschen Nervenkitzel ist sogar inklusive.

KM 19,8

4 Albrechtshainer See
Ungestörtes Seepanorama

KM 23,5

5 West- und Ostbruch
Im Kletterrevier staunen

KM 29,8

6 Schloss Machern
Auf Entdeckungstour im Garten

KM 30,4 » ZIEL

Bahnhof Machern

GESTRÜPP RANKT SICH AN IHREN WÄNDEN HOCH …

… die Fenster sind mit Sperrholz verrammelt: **Im Osten Leipzigs** stehen viele Häuser und ehemalige Fabriken seit Jahrzehnten leer. Eine touristische Infrastruktur ist kaum vorhanden, auch ausgebaute Radwege sind vielerorts Mangelware. Dafür gibt es allerhand zu entdecken. Und: Es tut sich was.

Der Weg nach Machern ist weit, die Auswahl an Restaurants und Cafés auf der Strecke eher mau: Also lieber in Leipzig schon mit allem eindecken, was der Magen begehren könnte. Unweit vom Bahnhof beginnt die Eisenbahnstraße. Auf der linken Seite – mit Freisitz auf dem Bürgersteig – ist das **Brothers Café & Bäckerei.** Der Geruch nach frischen Backwaren und orientalischen Gewürzen lässt das Wasser im Mund zusammenlaufen. Sobald der Reiseproviant aufgestockt ist, geht es durch den Osten Leipzigs raus aus der Stadt. Wer die Autobahnbrücke passiert hat, kann endlich durchatmen: frische Landluft, dazu weite Felder, die sich bis zum Horizont erstrecken.

DER SCHÖNSTE MOMENT: WENN DER BLICK PLÖTZLICH AUF DEN IMPOSANTEN WESTBRUCH MIT SEINEM TÜRKISBLAUEN WASSER FÄLLT

Im kleinen Dorf Panitzsch ist ein besonders schöner Lost Place: die ehemalige **Trabrennbahn Panitzsch**. Am ehemaligen Zielrichterturm ist heute eine Kletterwand angebracht. Auch die Tribüne steht noch. Danach geht es durch die beschaulichen Orte Borsdorf und Zweenfurth zur **Bergkirche Beucha.** Wer eine Abkühlung braucht, kann in den 38 Meter tiefen See unterhalb der Kirche hüpfen.

Nur zwei Kilometer entfernt liegt der **Albrechtshainer See**, der an ein kleines Wäldchen grenzt. Auf der Suche nach dem perfekten Plätzchen lässt sich der See einmal umfahren. Überall gibt es kleine Nischen, die den Blick auf den See freigeben. Wer seinen Proviant noch nicht gegessen hat, sollte am Ufer die Picknickdecke ausbreiten. Noch schöner kann es nicht werden? Doch! Wer den etwas versteckten Eingang findet, kommt schon bald an einen magischen Ort: den **Westbruch**. Das Gewimmel der (riesigen!) Fische im kristallklaren Wasser ist ein Schauspiel für sich.

Die letzten Kilometer führen durch Brandis bis zum **Schloss Machern**. Der Schlossgarten ist eine echte Wundertüte: Pyramide, Ritterburg, Tempel, alles da. Klingt abgefahren? Ist es auch! «

START

Hauptbahnhof Leipzig

Den Hauptbahnhof nach links verlassen und dann links auf die Brandenburger Straße einbiegen. Dem Straßenverlauf auch über die nächsten zwei Kreuzungen bis in die Eisenbahnstraße hinein gut einen Kilometer folgen.

Auf der alten Trabrennbahn heißt es: Fahrrad abstellen und lossporteln.

KM 2,1

1 **Brothers Bäckerei & Café**

Börek, Baklava und Pide für unterwegs

Im Backhimmel: Die Auslage sieht so gut aus, wie sie schmeckt.

Frisch gebackene Börek werden mit einem Schieber aus dem Ofen geholt. Sie sind mit Spinat, Hackfleisch, Gemüse, Sucuk oder Oliven gefüllt – und duften herrlich. Die Auslage des Verkaufstresens ist prall gefüllt und reicht von Sesamringen und Apfeltaschen bis zu Spritzkuchen. Da bleibt kein Wunsch offen. Wer mag, kann auch noch gemütlich einen Kaffee oder Tee auf dem Freisitz schlürfen und dem Umtrieb auf der belebten Straße zusehen. Für alle mit größerem Hunger: Neben Pizza, Pasta und Burger gibt es auch täglich wechselnde Tagesgerichte – einfach nachfragen! (www.brothers-leipzig.de)

In Richtung Osten bis zum Ende der Eisenbahnstraße weiterfahren. Rechts und dann gleich wieder links auf die Wurzner Straße (später Riesaer Straße) abbiegen. Dem Straßenverlauf bis über die A 14 folgen. 200 Meter dahinter links einbiegen. Am Kreisel die vierte Ausfahrt, Sommerfelder Straße, nehmen und bis zum großen Parkplatz fahren.

KM 11,4

2

Trabrennbahn Panitzsch

Sporteln mit Tribünenblick

Die Stahlbetontribüne ist menschenleer. Doch mit etwas Fantasie sieht man dort noch die Menschen sitzen und jubeln. Im April 1930 liefen hier das erste Mal Pferde über die Trabrennbahn. Doch mit Beginn des Krieges ruhte der Rennbetrieb. Erst 1950 fanden wieder Rennen statt: Motorräder mit und ohne Seitenwagen knatterten über die Sandbahn. Später wurde das Gelände für militärische Zwecke genutzt, samt Stasi-Abhörstation im Keller. Heute ist die Anlage ein Familien-Sport-Park mit Volleyballplatz, Tischtennisplatten und allerhand Sport- und Spielgeräten. Also dann: frisch, fromm, fröhlich, frei – auf zum Sport!

Links auf die Sommerfelder Straße einbiegen. Nach 500 Metern rechts auf den Wiesenweg abbiegen. Unter der B 6 hindurch und dann parallel zu ihr bis zur Panitzscher Straße fahren. Rechts abbiegen und dem Straßenverlauf folgen. In Zweenfurth auf dem Steinweg bleiben und weiter nach Beucha. Links in die August-Bebel-Straße abbiegen und bis zum Parkplatz fahren.

Lost Place: Der Zielrichterturm auf der ehemaligen Trabrennbahn steht noch.

Weither sichtbar erhebt sich die Wehrkirche Beucha auf dem 147 Meter hohen Kirchberg.

KM 18,4

3

Bergkirche Beucha

Baden im Steinbruch

Mitten im See thront eine Kirche auf einem Fels aus Granit. Ein Postkartenpanorama. Die Bergkirche Beucha, die hoch über dem Wasser auf einem 147 Meter hohen Bergsporn in den See hineinragt, ist im 13. Jahrhundert entstanden. Den darunter liegenden Steinbruch, aus dem einst auch Steine für den Bau des Völkerschlachtdenkmals gewonnen wurden, fluteten die Menschen nach seiner Stilllegung im Jahr 1950. Die Wassertiefe beträgt beeindruckende 38 Meter. Vom Parkplatz an der Südseite des kleinen Sees geht ein etwa zwei Kilometer langer Weg ab, der teils auf hohen Abbruchkanten um den See herumführt. Hinein gelangen geübte Schwimmer über rostige Leitern, Granitfelsen oder an seichten Stellen auch vom Ufer aus.

Zurück zur Dorfstraße. Links abbiegen. Nach 300 Metern rechts in die Straße Viehweide einbiegen. Am Wald angekommen, einem der beiden linken Waldwege zum Seeufer folgen.

KM 19,8

4

Albrechtshainer See

Ungestörtes Seepanorama

Die Wolken spiegeln sich in der glatten Seeoberfläche, zwei Enten ziehen quakend ihre Bahnen über den See, kleine Fische schwimmen im seichten Wasser. Versteckte Seezugänge gibt es reichlich: kleine Holztreppen, Stege, Steinstufen. Trotz der Nähe zur Autobahn, die auch diesem See den Beinamen »Autobahnsee« gegeben hat, ist am Ufer davon nichts zu hören. Ein kleines Wäldchen verschluckt die Autogeräusche. Am Süd- und Ostufer gibt es weite Rasenflächen. Hier findet jeder das perfekte Plätzchen für ein Sonnenbad oder Picknick im Grünen.

Am Südufer führt ein Schotterweg zur Straße. Links abbiegen. An der nächsten Abzweigung rechts, danach gleich wieder scharf rechts in den Ammelshainer Weg und kurz darauf links in den Forstweg einbiegen. Am Ende rechts und gleich wieder links abbiegen. Bis zum Ende des Rotkehlchenwegs fahren und links abbiegen. Rechter Hand ist ein Tauchrevier ausgeschildert. Rad abstellen und den Schildern folgen.

Ruhige Plätzchen gibt es am Albrechtshainer See reichlich.

In natura noch schöner: Der Westbruch mit seinen überhängenden Klippen.

KM 23,5

5

West- und Ostbruch

Im Kletterrevier staunen

Fischarten wie Brassen, Karpfen, Rotfeder und Ukelei sind im Westbruch zu Hause.

Nur wenige Meter von der Straße entfernt, versteckt im Wald, liegt ein See in einem alten Steinbruch – fast vollständig von hohen Steinwänden umschlossen. Selbst wer sich nicht für Tauchen oder Klettern interessiert, kann sich der Magie des Ortes kaum entziehen. Die schroffen Felswände stehen im krassen Gegensatz zum türkisblauen Wasser, in dem sich große und kleine Fische tummeln. Wer hier im Westbruch klettern will, muss sich erst abseilen, bevor der Aufstieg angegangen werden kann. Und das sieht ziemlich spektakulär aus. Um den Westbruch herum führen mehrere Wege zum Ostbruch. Beide Steinbrüche am Kohlenberg bei Brandis sind perfekt eingerichtete Kletterreviere.

Hinter dem Westbruch rechts durch den Wald bis zum Fachklinikum Brandis fahren. Dem Weg über die Felder folgen. Hinter der Kita links in die Töpfergasse ein-, an der nächsten Kreuzung rechts abbiegen. Am Markt in Brandis der Beschilderung nach Machern folgen. Dort die Leipziger Straße überqueren und nach wenigen Metern auf der Dorfstraße in die Schlossgasse einbiegen.

KM 29,8

6 Schloss Machern

Auf Entdeckungstour im Garten

Die einst als Wasserschloss errichtete Anlage ist heute vor allem aufgrund ihres romantischen, stets zugänglichen Schlossparks bekannt. Der als Englischer Landschaftsgarten gestaltete Park ist im 18. Jahrhundert entstanden, samt entsprechender Statuen, Tempeln, der Ruine einer Ritterburg und sogar einer Pyramide. Auch wenn Graffiti den Anblick an einigen Stellen trüben, lohnt sich ein Spaziergang über das weitläufige Areal. Dabei kann es passieren, dass der Geruch von gemahlenen Kaffeebohnen plötzlich die Nase umschmeichelt. Links neben dem Schloss liegt die Orangerie, in die eine Kaffeerösterei (www.kaffee-kirst.de) eingezogen ist. Sie ist Mittwoch-, Donnerstag- und Sonntagnachmittag geöffnet. Neben Kaffee in allen Variationen gibt es im kleinen Ladencafé auch handgefertigte Schokolade und Pralinen vom Chocolatier Praetsch in Wermsdorf.

Den Weg zurück zum Bahnhof nehmen.

EXTRA INFOS:

Rein in den Wald und rauf auf den Baum heißt es im ● **Kletterwald Leipzig**. Der drei Hektar große Parcours mit über 100 Kletterelementen liegt direkt am Albrechtshainer See.

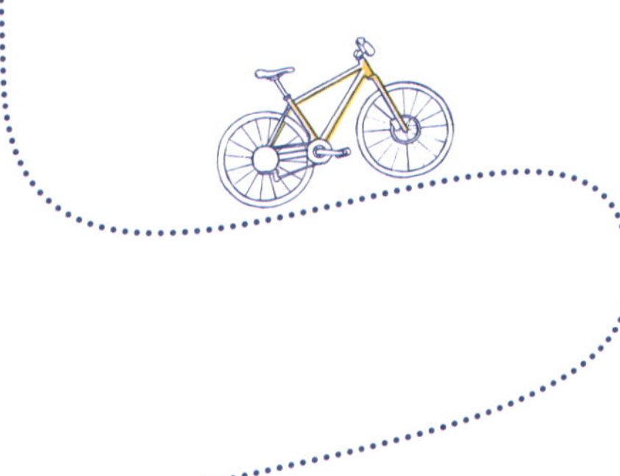

KM 30,4 » ZIEL

Bahnhof Machern

Im Schloss Machern ist nicht nur ein Café, sondern auch das Standesamt.

AUF EINEN BLICK

- **Start:** Hauptbahnhof Leipzig
- **Ziel:** Bahnhof Machern
- **Strecke / reine Radelzeit:** 30,4 km (Streckentour), 2 Std.
- **Höhenmeter:** ↗49 m; ↘10 m
- **Wegbeschaffenheit:** Asphaltiert, kurze Passagen auf Wald- und Kieswegen.
- **Beste Zeit:** Vom Frühling bis in den Herbst hinein
- **Mitnehmen:** Badezeug, Tischtennisschläger samt Ball, ggf. Kletterausrüstung.

START Hauptbahnhof Leipzig

1 Brothers Bäckerei & Café

IMMER DER NASE NACH

ENDLICH RAUS AUS DER STADT!

2 Trabrennbahn Panitzsch

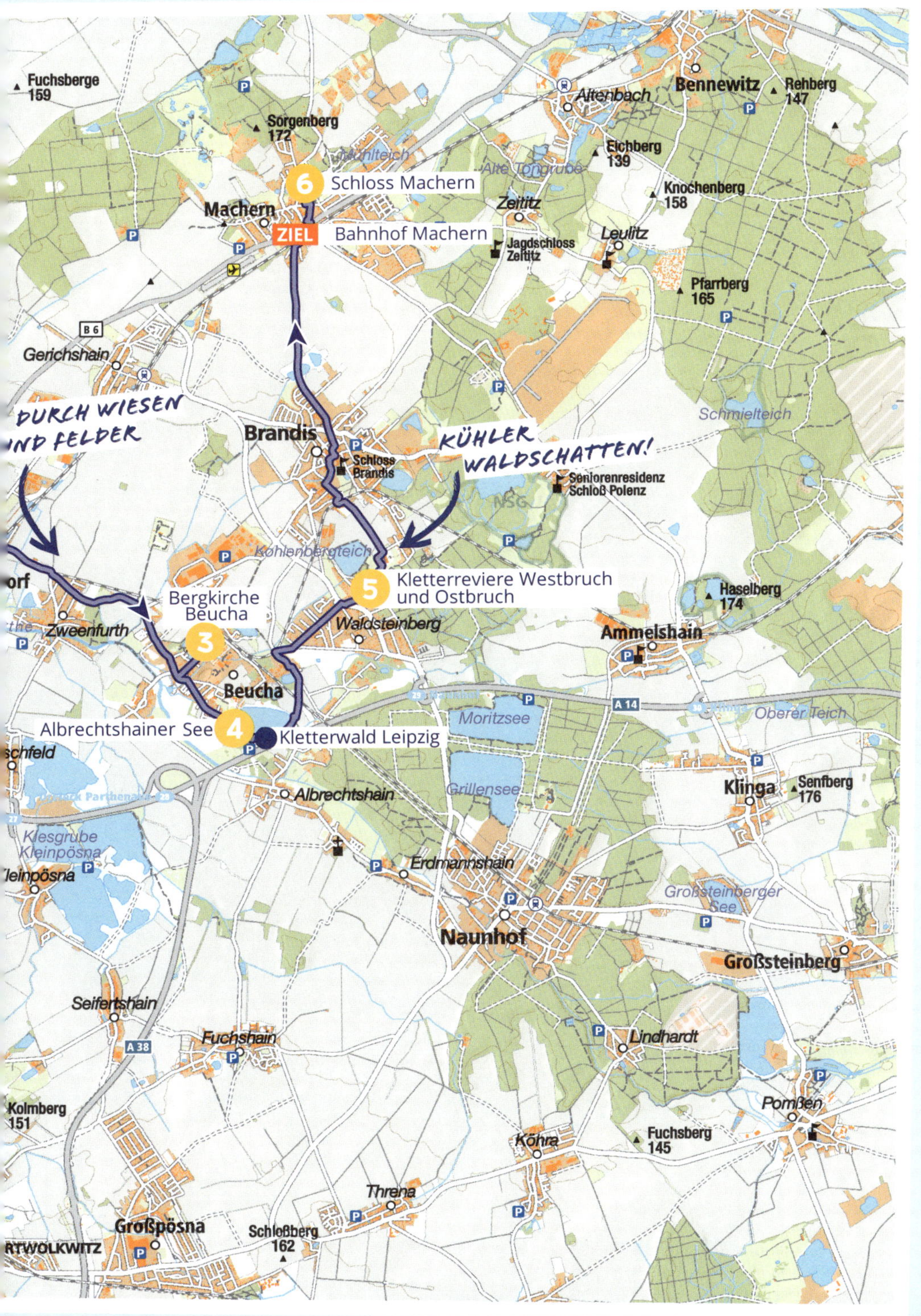

6 Schloss Machern
ZIEL Bahnhof Machern
DURCH WIESEN UND FELDER
KÜHLER WALDSCHATTEN!
5 Kletterreviere Westbruch und Ostbruch
Bergkirche Beucha
3
4 Albrechtshainer See
Kletterwald Leipzig
Fuchsberge 159
Sorgenberg 172
Machern
Altenbach
Bennewitz
Rehberg 147
Eichberg 139
Knochenberg 158
Zeititz
Jagdschloss Zeititz
Leulitz
Pfarrberg 165
Gerichshain
Brandis
Schloss Brandis
Seniorenresidenz Schloß Polenz
Schmielteich
Kohlenbergteich
Haselberg 174
Zweenfurth
Waldsteinberg
Ammelshain
Beucha
A 14
Moritzsee
Oberer Teich
Albrechtshain
Grillensee
Klinga
Senfberg 176
Kiesgrube Kleinpösna
Erdmannshain
Großsteinberger See
Naunhof
Großsteinberg
Seifertshain
Lindhardt
Fuchshain
A 38
Pomßen
Kolmberg 151
Köhra
Fuchsberg 145
Threna
Großpösna
Schloßberg 162

DIE RADELPAUSEN

» START
Hauptbahnhof Leipzig

KM 2,1
1 Lene-Voigt-Park
Ab auf die Wiese!

KM 6,1
2 Völkerschlachtdenkmal
Im Schatten der Krieger

KM 15,1
3 Di Lago Eiscafé & Bar
Schlecken, schlecken, schlecken

9

OSTWÄRTS MIT RÜCKEN-WIND

Am Völkerschlachtdenkmal vorbei bis an den Moritzsee

Am höchsten Denkmal Europas ist es frühmorgens noch relativ leer. Leipzig hingegen erwacht zum Leben, und mit der Stadt der Verkehr. Also nichts wie raus aus dem Getümmel in Richtung Osten. Dort locken ruhige Dörfer, weite Wiesen und einsame Seeufer.

KM 21,3
4 Radfahrerkirche Erdmannshain
Ruhe finden in der Dorfkirche

KM 23,2
5 Altes Kranwerk Naunhof
Ein technisches Kulturdenkmal lädt ein

KM 27,5
6 Moritzsee und Grillensee
Waldidylle am Strand

KM 31,5 » ZIEL
Bahnhof Naunhof

DER WIND, DEIN FREUND

Die Radtour nach Naunhof nennen die Leipziger gerne die Rückenwind-Tour. An den meisten Tagen lässt es sich dank der für die Region typischen Südwestwinde ziemlich entspannt radeln. So bleibt genug Zeit, um den ein oder anderen längeren Stopp an der Strecke einzulegen – und das lohnt sich.

Der **Lene-Voigt-Park** ist ein Ort, an dem viele einfach vorbeiradeln. Dabei gibt es dort kuschelige kleine Nischen, inspirierende Street-Art, viel Platz und frisch gebrühten Espresso. Der Radweg führt mitten durch die Grünanlagen hindurch, bis eine Rampe zurück in den Stadtverkehr leitet. Doch nicht für lange: Ein paar Radelminuten später ragt am Ende einer baumbewachsenen Sichtachse schon das **Völkerschlachtdenkmal** in den Himmel. Wer noch nie auf der Aussichtsplattform war, sollte das unbedingt nachholen. Der steinerne Koloss bietet Panoramablicke in alle Richtungen.

DER SCHÖNSTE MOMENT: IN HOLZHAUSEN DIE STADT ENDLICH HINTER SICH LASSEN UND ZWISCHEN WEITEN FELDERN DIE FRISCHE LANDLUFT GENIESSEN

Durch die Stadtviertel Stötteritz und Holzhausen, die eher kleinstädtisch, fast schon dörflich daherkommen, geht es nach Kleinpösna. Nach gut 15 Kilometern auf dem Sattel steht eine wohlverdiente Eis-Pause an der Dorfstraße bei **Di Lago** an. Softeis oder Waffeleis? Das ist hier die Frage. Danach geht es an den Kleinpösnaer Kiesgruben vorbei, durch beschauliche Orte bis nach Erdmannshain, wo die **Radfahrerkirche** mit ihrer goldenen Turmkugel direkt am Weg liegt. Von da aus ist man ganz fix am **Alten Kranwerk Naunhof**. Zum Radlercafé am Sonntag lohnt sich der Besuch hier ganz besonders. Es gibt Frischgebackenes und hausgemachte Limonade!

An heißen Tagen kommt jetzt der schönste Streckenabschnitt: Er führt durch frische Waldluft zunächst an den **Moritzsee** und später an den **Grillensee**. Der Moritzsee war zu DDR-Zeiten als größter FKK-Badesee Ostdeutschland bekannt. Der Grillensee ist erst nach der Jahrtausendwende als Badesee hinzugekommen. Ob nackt oder in Bikini und Badehose – eine Abkühlung im kristallklaren Wasser tut gut. Zum Naunhofer Bahnhof ist es danach zum Glück nicht mehr weit.

RADELN & GENIEẞEN

Im Lene-Voigt-Park stehen Tischtennisplatten für eine Partie bereit.

START

Hauptbahnhof Leipzig

Die Straße vor dem Hauptbahnhof überqueren und in die Goethestraße einbiegen. An der Oper vorbeifahren und der Dresdner Straße folgen. Rechts in den Gerichtsweg abbiegen und dann links auf den Radweg an der großen Grünanlage fahren.

KM 2,1

1 Lene-Voigt-Park

Ab auf die Wiese!

Unter der überirdischen Fernwärmeleitung hindurch geht es in den Park hinein.

Benannt nach der sächsischen Mundartdichterin, ist der elf Hektar große Park heute die grüne Lunge des Leipziger Ostens. Der Park ist Anfang der 2000er Jahre auf dem Gelände des ehemaligen Eilenburger Bahnhofes entstanden und erstreckt sich wie ein langer, grüner Schlauch durch das Viertel. Auffallend sind die überirdischen Fernwärmeleitungen, die in das Konzept des Parks integriert wurden. Die Menschen gehen hier joggen, führen ihre Hunde aus, lesen Bücher, spielen Basketball und sonnen sich auf den Wiesen. Unter hohen Bäumen stehen Tischtennisplatten, Bänke laden zur Rast ein. Am östlichen Ende des Parks steht »Lenes Tauscho«, ein Tauschschrank, der von den Bürgern rege genutzt wird. Ein paar Meter weiter gibt es in der Kaffeebar Espresso Zack Zack noch eine kleine Koffeindosis für den Weg.

Dem Radweg im Lene-Voigt-Park bis zur Rampe folgen. Hinauffahren und rechts abbiegen. Der Straße bis zum Ende folgen. Links abbiegen, am Doppel-M der Alten Messe vorbei über die Brücke und dann rechts in die Parkanlage hineinfahren. Wer an der nächsten Kreuzung links abbiegt, sieht bereits das Völkerschlachtdenkmal.

KM 6,1

2 Völkerschlachtdenkmal

Im Schatten der Krieger

Es ist 91 Meter hoch, besteht aus Beton und Granitporphyr und hat eine rittergeschmückte Krypta: das Völkerschlachtdenkmal, das die Leipziger liebevoll »Völki« nennen. Der steinerne Koloss steht inmitten des Schlachtfelds von 1813, unweit des ehemaligen Befehlsstands Napoleons. Bis zur Aussichtsplattform müssen 364 Treppenstufen überwunden werden, dafür wird man aber mit einem grandiosen Panoramablick über die Messestadt belohnt. Vor dem Denkmal liegt der See der Tränen. Das große Wasserbecken steht symbolisch für die Tränen der Völker, die um die Opfer der Schlacht trauern – 100 000 Tote in vier Tagen. Steht man direkt vor dem See, spiegelt sich das Monument äußerst fotogen auf der Wasseroberfläche.
In direkter Nachbarschaft zum Denkmal liegt der Südfriedhof, auf dem sich unzählige Grabmale von hohem künstlerischem Wert befinden. Für alle, die etwas Zeit mitbringen, lohnt sich ein Spaziergang über das 78 Hektar große Areal.

Zurück zur Straße fahren, rechts abbiegen und über die Kreuzung in die Ludolf-Colditz-Straße fahren. Am Ende rechts in die Holzhäuser Straße (später Stötteritzer Landstraße) abbiegen. Dem Straßenverlauf vier Kilometer bis zum Österreicherdenkmal mit dem großen Adler auf dem Sockel folgen. An der Dorfstraße in Kleinpösna links abbiegen.

Der Erzengel Michael wacht in Ritterrüstung vor dem Eingang.

Das Wasser der drei Kiesseen in Kleinpösna ist kristallklar.

KM 15,1

Di Lago Eiscafé & Bar

Schlecken, schlecken, schlecken

Die große Softeisfahne vor dem pfirsichfarbenen Haus lockt die Gäste in das Eiscafé Di Lago in Kleinpösna. Hier gibt es nicht nur kühle Schleckereien aus der Softeismaschine (Aprikose – so lecker!), sondern auch allerlei Eisvariationen: After Eight, Quark-Rhabarber oder Erdnuss. Auf dem großen Freisitz und im Innenbereich können Eisbecher und heiße und kalte Getränke bestellt werden (eiscafe-kleinpoesna.de). Wer sein Eis in der Waffel kauft, findet auf dem Vorplatz genügend Sitzplätze. Volle Eisbäuche können sich dann – nur wenige Radelminuten entfernt – an einer der fischreichen Kleinpösnaer Kiesgruben ausruhen.

Die Dorfstraße ein Stück zurückradeln und rechts auf die Straße An der Weide abbiegen. Am Ende rechts halten und an den Kiesgruben vorbeiradeln. Hinter den Kiesgruben links abbiegen. Dem Weg über die A 38 und durch Albrechtshain und Eicha hindurch bis zur Radfahrerkirche in Erdmannshain folgen.

Das Aprikosen-Softeis im Eiscafé Di Lago ist zum Dahinschmelzen.

Rost am Rad: Zum Glück muss es nur im Baum rumhängen.

KM 21,3

Radfahrerkirche Erdmannshain

Ruhe finden in der Dorfkirche

Direkt am Parthe-Mulde-Radweg steht die wohl ursprünglich im 14. Jahrhundert erbaute Kirche, die im Laufe ihrer Geschichte mehrfach umgebaut und 2006 zur Radfahrerkirche geweiht wurde. Der schwarze Kirchturm samt goldener Turmkugel und Wetterfahne ragt über der weißen Friedhofsmauer aus den Baumkronen hervor. Seit 2017 läutet auch die Glocke des Gotteshauses wieder. Vor dem Eingang hängt ein rostiges, teils moosbewachsenes Fahrrad an einem Baum. Erdmannshainer Kirchenhüter halten die Kirche von Ostern bis zum Reformationsfest von 10 bis 18 Uhr geöffnet.

Auf der Eichaer Straße weiterfahren. An der Kreuzung links abbiegen und durch den Tunnel fahren. Nach etwa 500 Metern links in den Weg einbiegen. An der Alten Beuchaer Straße rechts abbiegen und am Kreisverkehr in die Ungibauerstraße reinradeln. Links in die Wurzner Straße abbiegen und dann rechts in die Lutherstraße.

Jeden Sonntag hat das Radlercafé im Alten Kranwerk geöffnet.

KM 23,2

5

Altes Kranwerk Naunhof

Ein technisches Kulturdenkmal lädt ein

Workshops, Konzerte und Hoffeste: Im Alten Krankwerk Naunhof ist vor allem in den Sommermonaten viel los. Das freie Kulturhaus hat 2007 seine Pforten geöffnet und heißt Gäste herzlich willkommen. Die alte Industrieanlage für Kran- und Hebemaschinen ist eine schöne Kulisse, um Kultur und Kreativität sich abseits von Konsum und Hektik entwickeln zu lassen. Jeden Sonntag von 13 bis 18 Uhr hat das Radlercafé geöffnet. Hier gibt es faire, regionale und biologisch produzierte Produkte: Rote-Grütze-Torte, Käsesandwich mit gegrillten Zucchini und Tomaten-Chutney oder auch Quiche mit Brokkoli und Paprika. Spiele und Bücher dürfen sich die Gäste kostenlos ausleihen und mit an den Tisch nehmen (www.kranwerk.com).

Für Kinder gibt es im alten Kranwerk viel Platz zum Spielen und Entdecken.

Zurück zur Wurzener Straße fahren, rechts abbiegen. Dem Straßenverlauf bis kurz vor der Autobahnbrücke folgen. Ein Weg führt links in den Wald hinein und dann weiter zum Parkplatz am See.

KM 27,5

6 Moritzsee und Grillensee

Waldidylle am Strand

Der Moment, wenn sich der Wald lichtet und die Seen auftauchen, ist einfach magisch. Die aus Kies- und Sandlagerstätten entstandenen Gewässer sind in ein ausgedehntes Waldgebiet eingebettet. Der Moritzsee entwickelte sich bereits in den 1980er Jahren zum Naherholungsgebiet und war auch überregional als größter FKK-Badesee Ostdeutschlands bekannt. Der Grillensee ist der jüngere der beiden Seen. Erst 2006 waren die Kiesvorkommen erschöpft. Heute gibt es an seinen Ufern kleine Strandabschnitte, aber auch Kieszugänge und reichlich Schattenplätze. Die touristische Infrastruktur vieler anderer Seen im Leipziger Umland suchen Badegäste hier vergeblich, das gastronomische Angebot ist eher mau. Aber dafür gibt es hier etwas ebenso Schönes: Natur pur.

Den See ein Stück umrunden und dann der Ausschilderung zum Grillensee folgen. Dort ein Stück am Ufer entlangradeln und dann rechts zum Brandiser Weg abbiegen. Dem Brandiser Weg linksherum folgen und dann links in die Straße des 9. November reinfahren. Am Ende rechts auf die Wurzener Straße fahren und dann gleich wieder links der Ladestraße zum Bahnhof folgen.

Bahnhof Naunhof

Einen Ansturm von Badegästen wie zu DDR-Zeiten hat der See lange nicht mehr gesehen.

START Hauptbahnhof Leipzig
1 Lene-Voigt-Park
2 Völkerschlachtdenkmal
BÄUME ALS SCHATTENSPENDER
DOPPEL-M DER ALTEN MESSE
IMMER GERADEAUS – RENNSTRECKE!
GOHLIS
Schloss Schönefeld
SCHÖNEFELD-ABTNAUNDORF
SCHÖNEFELD-OST
HEITERBLICK
Paunsdorfer Wäldchen
PAUNSDORF
ZENTRUM-NORD
ZENTRUM-OST
VOLKMARSDORF
ZENTRUM
ZENTRUM-WEST
NEUSTADT-NEUSCHÖNEFELD
ANGER-CROTTENDORF
ENGELSDORF
Engelsdorfer Wäldchen
LEIPZIG
REUDNITZ-THONBERG
MÖLKAU
Zweinaundorf
Baalsdorf
ZENTRUM-SÜD
ZENTRUM-SÜDOST
SÜDVORSTADT
STÖTTERITZ
HOLZHAUSEN
Der Stempel
CONNEWITZ
MARIENBRUNN
PROBSTHEIDA
Waldarboretum
Zuckelhausen
Der Haken
Monarchenhügel 159
Kolmberg 151
Der Horst
MEUSDORF
RASCHWITZ
DÖLITZ-DÖSEN
LIEBERTWOLKWITZ
Galgenberg 162
MARKKLEEBERG-MITTE
Weinteichsenke
Markkleeberg
MARKKLEEBERG-OST
WACHAU
Markkleeberger See
AUENHAIN
Güldengossa
Verkieselter Xylit
Crostewitzer Höhe 130
A 14
B 6
B 6;B 87
B 2
S 38
A 38
N
0
1
2 km

AUF EINEN BLICK

- **Start:** Hauptbahnhof Leipzig
- **Ziel:** Bahnhof Naunhof
- **Strecke / reine Radelzeit:** 31,5 km (Streckentour), 2 Std.
- **Höhenmeter:** ↗37 m; ↘13 m
- **Wegbeschaffenheit:** Großteils asphaltierte Wege, kurze Passagen auf Schotter.
- **Beste Zeit:** Ab Ostern, bis in den Spätsommer hinein.
- **Mitnehmen:** Badezeug, Picknickdecke.

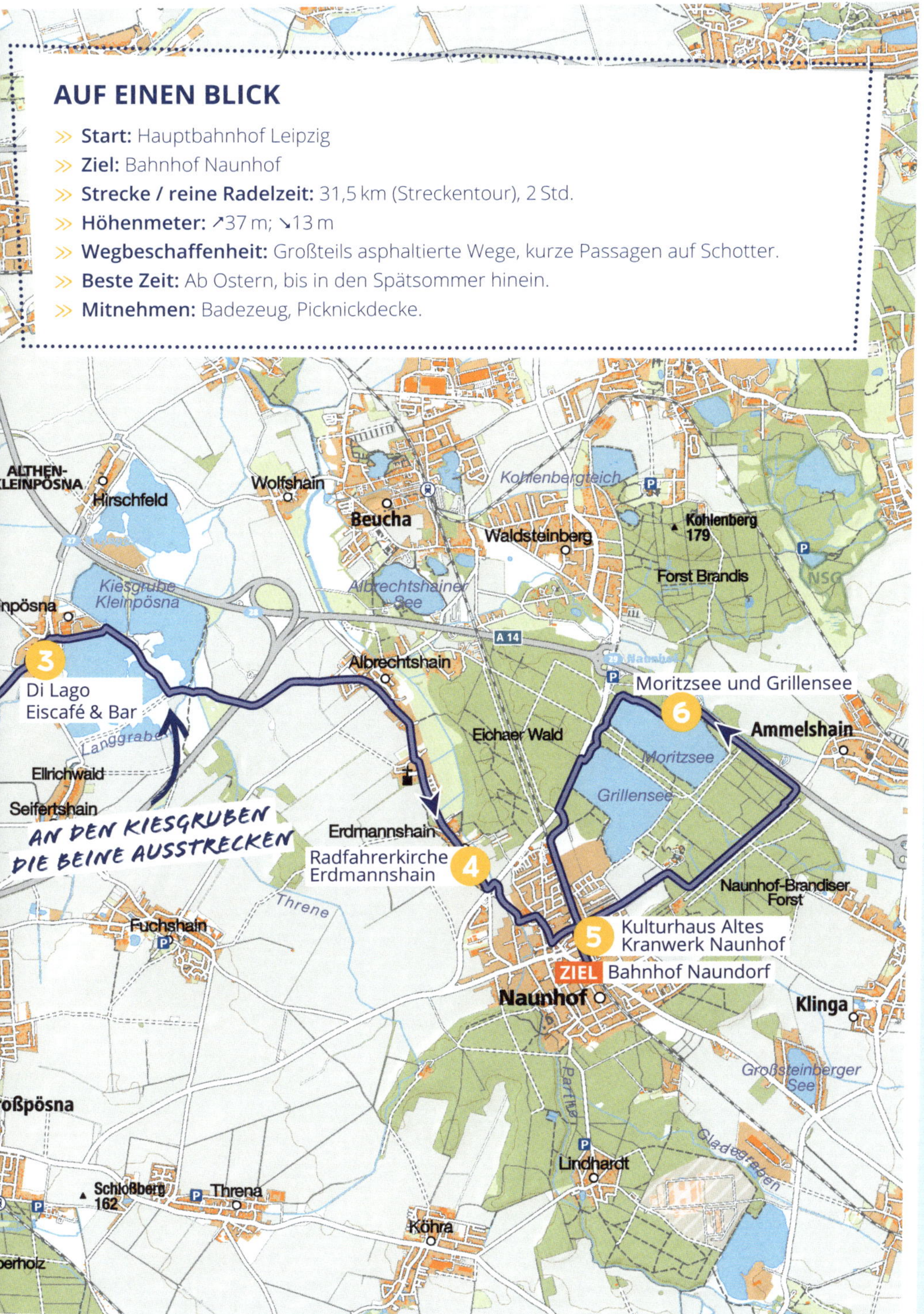

DIE RADELPAUSEN

» START
Hauptbahnhof Leipzig

KM 2,4

1 Botanischer Garten der Universität Leipzig
Der Natur ganz nah

KM 6,5

Fockeberg
Auf der Trümmerkippe

KM 10,7

3 Karl-Heine-Straße
Fair Fashion, Bio-Läden und internationale Küche

10 GLÜCKS-ORTE IN LEIPZIG

Vom Hauptbahnhof bis zum Kulkwitzer See

Dort, wo die Glückshormone sprudeln, sollst du sein: Ganz nach diesem Motto führt die Strecke quer durch die Messestadt an Orte, die besonders schön und atmosphärisch sind – und tolle Aussichten bieten.

KM 12,8

4 Wall of Fame
Graffitikunst in Plagwitz

KM 19,8

5 Rotes Haus
Waffeln oder Würstchen?

KM 25,9

6 Strand am Kulkwitzer See
Sonnenuntergangstraum

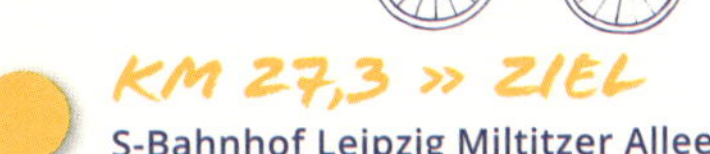

KM 27,3 » ZIEL
S-Bahnhof Leipzig Miltitzer Allee

GROßSTADTANSICHTEN

Wer das Gewusel der Stadt mag, neugierig ist und gerne auf Entdeckungstour geht, wird diese Tour lieben. Aber keine Sorge: Der Weg wird nicht von Menschenmassen gesäumt. Denn auch mitten in der City gibt es grüne Oasen und Wohlfühlorte, die nicht jeder kennt. Die Oper, das City-Hochhaus und das Gewandhaus sind heute auf dem Weg zum **Botanischen Garten der Universität Leipzig** lediglich Dekoration für die Strecke. Hinter den gelben Ziegelmauern des Botanischen Gartens herrscht himmlische Ruhe.

DER SCHÖNSTE MOMENT: VOM GIPFEL DES FOCKEBERGS IN ALLE HIMMELSRICHTUNGEN AUF LEIPZIG BLICKEN

Nach einer Pause vom Lärm der Stadt geht es in die hippe Südvorstadt – und hoch hinauf! Der **Fockeberg** gehört zu den schönsten Aussichtspunkten Leipzigs, allerdings müssen Neugierige ganz schön strampeln, um oben anzukommen. Auf der grünen Bergspitze lugt zwischen den Bäumen – wie hingemalt – das Panorama der City hervor. Da bekommt man direkt Lust, sich in das Getümmel zu stürzen. Also den Berg hinunterrollen lassen, den Duft des Waldes ein letztes Mal einatmen und zum Elsterflutbett radeln.

Der Fluss führt bis zur Brücke an der **Karl-Heine-Straße.** Spätestens am Felsenkeller darf das Fahrrad dann eine Pause machen. Nur zu Fuß lassen sich die Schaufenster und Hinterhöfe, die kleinen Cafés und Bars richtig erkunden – und die Street-Art, die das bunte Straßenbild des Stadtteils bestimmt. Statt sinnfreiem Geschmiere gibt es hier echte Kunst an den Wänden. Besonders eindrucksvoll sind die großflächigen Graffiti an der **Wall of Fame** unter der Antonienbrücke.

Danach geht es westwärts an den Grünauer Plattenbauten vorbei, dann durch ruhige Einfamilienhaussiedlungen bis an den Kulkwitzer See. Im **Roten Haus**, einem Tagebaurelikt, werden heutzutage warme Snacks und Getränke verkauft – der Seeblick von der Sonnenterrasse ist inklusive. Auf sandigen Pisten geht es um den See herum. Dort gibt es zahlreiche Bänke und Sonnenliegen, kleine Strände und Sportareale. Besonders schön ist der lange **Strand am Westufer**. In seinem sonnengewärmten Sand klingt der Tag gechillt aus.

Breite Radwege und schattige Plätzchen: Die Strecke entlang des Karl-Heine-Kanals ist beliebt.

Die Steintreppe, unweit der Philippuskirche, ist einer der schönsten Pausenplätze am Karl-Heine-Kanal.

Rund um und auf dem Elsterflutbett ist in den Sommermonaten einiges los.

RADELN & GENIEßEN

START

Hauptbahnhof Leipzig

Die Straße vor dem Hauptbahnhof überqueren. Links neben der Grünanlage in die Goethestraße hineinfahren. An der Oper vorbei die große Kreuzung überqueren. Zunächst geradeaus, und dann rechts in die Prager Straße reinfahren. Hinter der Kleingartenanlage rechts in die Johannisallee abbiegen. Der Botanische Garten liegt auf der linken Seite.

Auf nur drei Hektar Fläche wachsen im Botanischen Garten mehr als 10 000 Pflanzen.

KM 2,4

1 **Botanischer Garten der Universität Leipzig**

Der Natur ganz nah

Herrlich, wie das hier duftet! Und all diese Farben! Der Geruch der weltumspannenden Kräuter- und Pflanzenmischung und der wilde Farbcocktail der Blüten – vom zarten Rosa bis zum knalligen Blau – verleihen diesem Ort einen ganz besonderen Zauber. Gleich hinter dem Eingang an der Johannisallee grüßt der Chinesische Blauglockenbaum. Im Mai ist er mit seinen violetten Blüten ein echter Hingucker! Dann müssen wir uns für einen der vielen Wege entscheiden, die hier abzweigen (www.bota.uni-leipzig.de).

Links der Straße weiter folgen, dann rechts in die Philipp-Rosenthal-Straße reinfahren. Am Bayerischen Bahnhof links abbiegen und hinter dem Hochhaus gleich wieder rechts. Der Vorfahrtsstraße folgen. Nach etwa 500 Metern rechts in die Schenkendorfstraße und am Ende links in die August-Bebel-Straße abbiegen. Dann rechts in die Hadenbergstraße reinfahren. Am Park dem asphaltierten Waldweg bis auf den Fockeberg folgen.

Auf dem Gipfel des Fockebergs warten die schönsten Stadtpanoramen.

Das bunte Treiben entlang der Karl-Heine-Straße zieht Menschen aus aller Welt an.

ABSTEIGEN UND TREIBEN LASSEN

KM 6,5

2

Fockeberg

Auf der Trümmerkippe

Der Fockeberg ist ein künstlich geschaffener Berg, der aus dem Trümmerschutt des Zweiten Weltkriegs entstanden ist. Deswegen heißt er offiziell Trümmerkippe Bauernwiesen, auch wenn von Schutt und Asche längst nichts mehr zu sehen ist. Durch ein kleines Wäldchen führt ein asphaltierter Weg nach oben auf eine große, grüne Rasenfläche, auf der die Menschen bei schönem Wetter gerne grillen, chillen oder Picknick machen. Die Aussicht auf Leipzig ist unfassbar schön: Ob Weisheitszahn, Altes Rathaus oder Völkerschlachtdenkmal – eingerahmt von Bäumen und Sträuchern scheinen sie sich aus dem Nichts zu erheben.

Den Berg hinunterrollen. Links auf die Fockestraße und dann gleich wieder links auf die Kurt-Eisner-Straße abbiegen. Unter der Brücke durch rechts an der Kleingartensiedlung auf dem Schotterweg entlangfahren und dann am Elsterflutbett bis zur Klingerbrücke, diese überqueren.

KM 10,7

Karl-Heine-Straße

Fair Fashion, Bio-Läden und internationale Küche

Die zwei Kilometer lange Karl-Heine-Straße im Stadtteil Plagwitz ist die pulsierende Lebensader des Leipziger Westens. Egal zu welcher Uhrzeit – hier ist immer was los. Wer das Fahrrad abstellt und den breiten Bürgersteig entlangläuft, hat den Blick frei für die vielen kleinen Street-Art-Kunstwerke an den Wänden, die hübsch dekorierten Schaufenster und die bunt gemischten Speisekarten der Restaurants, Street-Food-Stände und Cafés. Für Neugierige lohnt sich ein Blick in die Seitenstraßen und Hinterhöfe, dort lässt sich oft Spannendes entdecken. Besonders schön sitzt man auf den Steintreppen am Karl-Heine-Kanal unweit der Philippuskirche. Treiben lassen lautet also die Devise, und die Vielfalt genießen.

Über die Brücke am Karl-Heine-Kanal rüberfahren und dann links in die Gießerstraße einbiegen. Auf der rechten Seite führt ein Schotterweg zwischen alten Industriebauten hindurch. Dem Weg folgen und vor dem Bahnhof Leipzig Plagwitz links abbiegen. Dann am Bauspielplatz vorbei bis unter die Antonienbrücke radeln.

Mit Traumblick auf den Kulki schmeckt die Waffel gleich doppelt gut.

KM 12,8

4 Wall of Fame
Graffitikunst in Plagwitz

Zwischen den Industriebauten an der Gießerstraße riecht es verdächtig nach Farbe aus der Spraydose. Wer in den Schotterweg einbiegt, steht mitten in einer Freiluftgalerie. Street-Art-Künstler:innen malen, kleben und sprayen ihre Kunstwerke an die Wände und schaffen mit ihren vergänglichen Arbeiten urbane Kunst: Graffitis, Stencils, Paste-Ups, mal nachdenklich und gesellschaftskritisch, dann wieder voller Witz. Mit dem sinnlosen Geschmiere von halbstarken Heranwachsenden haben sie nichts gemein. Ganz legal darf man an der Wall of Fame unter der Antonienbrücke sprayen. Die großflächigen Kunstwerke sind absolute Eye-Catcher.

Auf die Antonienstraße hochfahren und die Brücke überqueren. An der nächsten großen Kreuzung links fahren und nach der Kurve links in die Herrmann-Meyer-Straße abbiegen. Bis zum Ende fahren und dann in den gegenüberliegenden Lausner Weg hineinfahren. Knapp drei Kilometer der Straße folgen, dann rechts in die Zschochersche Allee abbiegen. An deren Ende rechts abbiegen und dann gleich wieder links. An der Gabelung rechts halten und am Parkplatz links in Richtung See abbiegen. Rechts den See entlang.

KM 19,8

5 Rotes Haus
Waffeln oder Würstchen?

Zeit für eine Pause. Am Ostufer des Kulkwitzer Sees ist ein großes, rotes Backsteinhaus weithin sichtbar. Einst war es die elektrische Schaltzentrale des ehemaligen Tagebaus, heute ist es eine saisonale Strand- und Eventlocation. Auf der großen Sonnenterrasse gibt es ausreichend Sitzplätze. Mit Blick auf den See schmecken die frisch gebackenen Waffeln gleich doppelt so gut. Oder wie wäre es mit einer Portion Kräppelchen? Wer es lieber deftig mag, kann sich auch Erbseneintopf, Gulaschsuppe oder Currywurst bestellen. Den tollen Ausblick auf den Kulki gibt es gratis dazu (www.rotes-haus-leipzig.de).

Den See im Uhrzeigersinn umfahren. Direkt hinter dem roten Turm der DLRG beginnt der Strand.

Street-Art in Plagwitz: In keinem anderen Viertel gibt es mehr Graffitis.

Rettungswacht am Kulki: In den Ferien ist die DLRG täglich vor Ort.

EXTRA INFOS:

Leipzig aus der Vogelperspektive: Ein Fahrstuhl bedient die ● **Aussichtsplattform** des 142 Meter hohen City-Hochhauses am Augustusplatz, das die Leipziger auch Weisheitszahn oder Uni-Riese nennen. Die Aussicht: spektakulär!

Wer gegenüber des Westwerks den Weg zum Karl-Heine-Ufer runterfährt, kommt kurz hinter der Philippuskirche an eine ● **Steintreppe** am Ufer – der schönste Platz am Kanal.

»Trimm dich« heißt es an der ● **Bewegungs- und Fitnessstation** am Kulkwitzer See: Sportbegeisterte können an 14 Stationen balancieren, kurbeln, rudern und Becken-Übungen machen. Nur die Radfahrgeräte können heute guten Gewissens ignoriert werden. (km 23,7 links)

KM 25,9

6 Strand am Kulkwitzer See

Sonnenuntergangstraum

Am Ostufer des Kulkwitzer Sees kündigt der rote Turm der Rettungswacht den Strand an. Die großen Bäume in Ufernähe bieten reichlich Schattenplätze. Aber auch Sonnenhungrige kommen an dem lang gezogenen Strand auf ihre Kosten. Wer zum Abschluss des Tages nochmal aktiv werden will, kann sich am SUP-Verleih vor Ort noch schnell ein Board ausleihen und eine Runde über den See drehen. Für Adrenalinjunkies gibt es in der Nähe auch eine Wakeboard- und Wasserski-Anlage. Am Abend ist die Stimmung am See besonders schön. Wer lang genug durchhält, kann sich auf einen herrlichen Sonnenuntergang freuen.

Am ausrangierten Schiff in Richtung Parkplätze hochfahren und weiter bis zur Tankstelle. Rechts abbiegen. Auf der gegenüberliegenden Seite in den Rad-/Fußweg reinfahren. Linker Hand auf die S-Bahn-Brücke rauf.

KM 27,3 » ZIEL

S-Bahnhof Leipzig Miltitzer Allee

Nicht immer so leer: Der Strand am Kulkwitzer See.

AUF EINEN BLICK

- **Start:** Hauptbahnhof Leipzig
- **Ziel:** S-Bahnhof Leipzig Miltitzer Allee
- **Strecke / reine Radelzeit:** 27,3 km (Streckentour), 2 Std.
- **Höhenmeter:** ↗56 m; ↘48 m
- **Wegbeschaffenheit:** Asphaltierte Wege, nur um den Kulkwitzer See herum längere Kiesstrecken.
- **Beste Zeit:** Vom Frühling bis weit in den Herbst hinein
- **Mitnehmen:** Badeklamotten, Shoppingbudget.

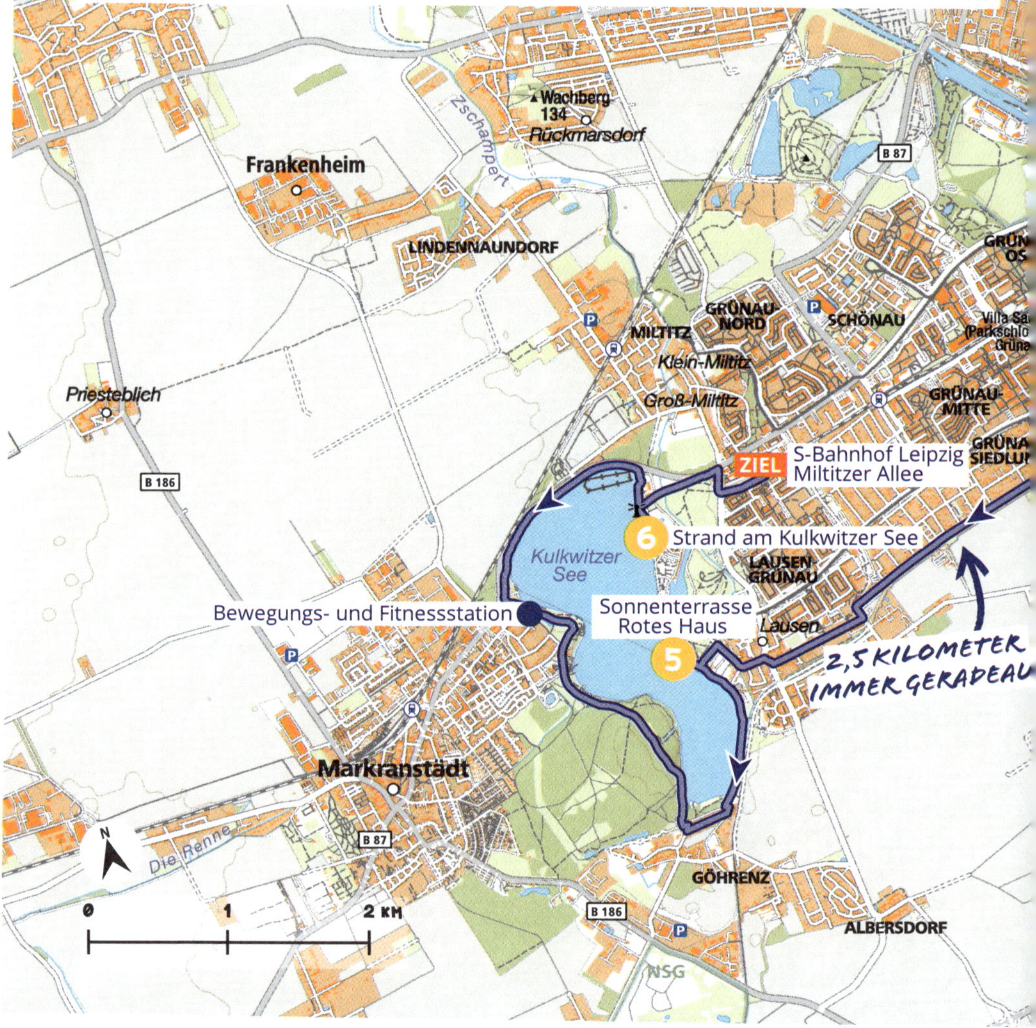

START Hauptbahnhof Leipzig
Aussichtsplattform City-Hochhaus
1 Botanischer Garten der Universität Leipzig
2 Aussicht vom Fockeberg
3 rl-Heine-Straße
Steintreppe an der Philippuskirche
4 Wall of Fame in Plagwitz
AM ELSTERFLUTBETT ENTLANG
ES GEHT BERGAUF – KRÄFTIG TRETEN!
BRÜCKENBLICK AUF DEN KARL-HEINE-KANAL
LEIPZIG
ZENTRUM
ZENTRUM-NORDWEST
NEUSTADT-NEUSCHÖNEFELD
ANGER-CROTTENDORF
REUDNITZ-THONBERG
STÖTTERITZ
ZENTRUM-SÜD
ZENTRUM-SÜDOST
SÜDVORSTADT
ALTLINDENAU
LINDENAU
PLAGWITZ
Rosental
Nachtigallenwald
Fockeberg 154
MARIENBRUNN
Das Streitholz
KLEINZSCHOCHER
Das Küchenholz
CONNEWITZ
LÖSSNIG
Das Hahnholz
Die Probstei
Das Mühlholz
Der Haken
Deponie Küchenholz 155
Der Wolfswinkel
Der Dachsbau
Der Horst
DÖLITZ-DÖSEN
GROSSZSCHOCHER
WINDORF
Kraterwald
RASCHWITZ
MARKKLEEBERG-OST
MARKKLEEBERG-MITTE
Markkleeberg
MARKKLEEBERG-WEST
Knautkleeberg
KNAUTKLEEBERG-KNAUTHAIN
Cospudener See
Schloss Knauthain
Knauthain
Schloss Zöbigker
ZÖBIGKER
GROSSSTÄDTELN
ehem. Grauwackesteinbrüche
NSG
B 2
S 46

DIE RADELPAUSEN

» START
S-Bahnhof Völkerschlachtdenkmal

KM 0,4
1 Alte Messe
Doppel-M und Denkmalschutz

SKM 6,5
2 Zooschaufenster
Wildes Leben in der Stadt

KM 19
3 Biedermeierstrand
Sommerfrische ohne Tamtam

RAUS DURCH DIE STADT

Von der Alten Messe an den Schladitzer See

Auf schnellen Pisten geht es durch die Leipziger City nordwärts an Wiesen und Feldern vorbei an den Schladitzer See. Das Glitzern der Sonne auf der bewegten Wasseroberfläche sorgt für Konfettiregen im Herzen.

KM 21,1

4 Schafshöhe

Steinerner Picknickplatz mit Aussicht

KM 22,4

5 Wolteritzer Strandcafé

Erst schlemmen, dann sonnenbaden

KM 25,3

6 Schladitzer Bucht

Auf die Bretter, fertig, los!

KM 28,9 » ZIEL

S-Bahnhof Rackwitz

VOR DEN TOREN LEIPZIGS ...

... im Norden der Stadt liegt der Schladitzer See. Mit seinem vielfältigen Wassersportangebot im Süden und den kleinen, von Schilfgras umwachsenden Stränden im Norden lockt er Sportbegeisterte und Ruhesuchende gleichermaßen an. Wer Stadt und See, Kultur und Freizeitspaß auf einer Radtour kombinieren will, sollte an der **Alten Messe** starten: Doppel-M, der Kreis'sche Kuppelbau und der legendäre sowjetische Pavillon sind Zeitzeugen der Leipziger Geschichte und erstrahlen heute so schön wie damals. Dann geht es an der Deutschen Nationalbibliothek, dem Neuen Rathaus und der Thomaskirche vorbei ins Rosental. Das **Zooschaufenster** an der großen Liegewiese ist eine echte Wundertüte: Welche Tiere wohl heute an den Zaungästen vorbeiflanieren?

DER SCHÖNSTE MOMENT: MIT EINER GUT GEFÜLLTEN EISTÜTE IN DER HAND AM BIEDERMEIERSTRAND DIE RUHE GENIESSEN

Zunächst durch den Auwald, dann durch die Stadtteile Möckern und Lindenthal geht es raus aus der Großstadt. An der vielbefahrenen Louise-Otto-Peters-Allee scheint die Landidylle noch fern, doch gleich hinter der Autobahnbrücke zieht die Stille ein, die nur ab und an durch tieffliegende Flugzeuge gestört wird. Am Schladitzer See begrüßt der **Biedermeierstrand** die Gäste aus Leipzig. Wer sich erst mal einen Überblick über den See und seine Ufer verschaffen will, sollte auf die **Schafshöhe** hochradeln. Die bietet einen prächtigen Seeblick.

Zeit für eine Pause! Einfach auf der anderen Seite des Hügels hinunterrollen, und schon sind die Fahrradständer am **Wolteritzer Strandcafé** erreicht. Neben dem klassischen Imbissangebot gibt es hier auch selbstgebackene Kuchen, frische Salate und Cocktails. Gleich gegenüber auf der anderen Seite des Radwegs liegt ein kleiner, ruhiger Sandstrand. Also nach dem Essen die Beine hochlegen und relaxen!

Wem der Trubel der Großstadt schon fehlt, der muss nur ein paar Mal kräftig in die Pedale treten, schon ist die **Schladitzer Bucht** erreicht – ein echtes Wassersportparadies, sowohl auf dem als auch unter Wasser. Da kann man sich ruhig noch mal richtig auspowern, denn bis zum Ziel der heutigen Tour ist es nicht mehr weit. «

RADELN & GENIEẞEN

Der Kreis'sche Kuppelbau mit seinem Säulenportal.

START

S-Bahnhof Völkerschlachtdenkmal

Auf die Prager Straße hoch und links abbiegen. Durch das Doppel-M der Alten Messe und bis zum Kreis'schen Kuppelbau fahren. Rechts abbiegen und an der alten Halle 11 (heute Hit Markt) vorbei bis zum Stadtarchiv.

KM 0,4

1 Alte Messe

Doppel-M und Denkmalschutz

Das heimliche Wahrzeichen der Stadt und ein perfektes Fotomotiv: Das Doppel-M der Alten Messe.

Das Logo der Leipziger Messe, das Doppel-M, begrüßt die Messegäste am Nordtor des Alten Messegeländes. Durch das unter Denkmalschutz stehende Bauwerk geht es hindurch und rauf auf das Messegelände. Einige der ehemals 16 Messehallen stehen noch – so auch die älteste Messehalle auf dem Gelände: der imposante Kreis'sche Kuppelbau, der 1913 zur Internationalen Baufachausstellung errichtet wurde. Vor dem Gebäude erzählt eine Informationstafel seine Geschichte. Wer sich nach rechts wendet, sieht bereits die besternte Spitze des legendären sowjetischen Pavillons, der heute das Stadtarchiv Leipzig beheimatet.

Am Stadtarchiv vorbei in die Straße des 18. Oktober und an der kleinen Parkinsel vorbeifahren. Dem Straßenverlauf bis zum Wilhelm-Leuschner-Platz folgen. Rechts abbiegen und die große Kreuzung überqueren. Das Neue Rathaus umrunden und den Martin-Luther-Ring bis zum Platz vor den Höfen am Brühl folgen. Die Kreuzung überqueren und in den Ranstädter Steinweg reinfahren. Zweite Straße rechts abbiegen und hinein ins Rosental. Auf der anderen Seite der großen Liegewiese ist das Zooschaufenster.

KM 6,5

2 Zooschaufenster

Wildes Leben in der Stadt

Ein Zebra grast am Wasserloch. Giraffen staksen mit ihren langen Beinen gemächlich durch die Savanne. Ein Strauß reckt neugierig den Hals. Das Zooschaufenster im Rosental gewährt Einblicke in die Kiwara-Savanne des Leipziger Zoos – ganz ohne hohe Zäune und Mauern, über die man spähen muss. Nur ein kleiner, schilfbewachsener Teich, in dem Enten schwimmen, liegt zwischen den exotischen Tieren und den Parkgästen. Einfach auf der großen Wiese gegenüber die Picknickdecke ausbreiten und direkt auf Safari gehen.

Das Rosental in Richtung Nordwesten verlassen. An der Waldstraße rechts in die gepflasterte Straße abbiegen. Über die Weiße Elster hinüber bis zur Bahnunterführung fahren. Rechts abbiegen und auf den Damm hochradeln. Vor dem Sportplatz rechts den Abzweig zum kleinen Kiesweg nehmen. Am Sportplatz vorbeifahren, dann links abbiegen und dem Straßenverlauf folgen. Kurz hinter der S-Bahn-Station Slevogtstraße die Straßenseite wechseln. In Lindenthal in die Straße An der Hofschmiede reinfahren. An der Schnellstraße links auf den Radweg abbiegen. Der Schladitzer See ist ausgeschildert.

Am Biedermeierstrand wartet der Imbiss »Jules« auf Gäste.

KM 19

3 Biedermeierstrand

Sommerfrische ohne Tamtam

Am Haynaer Ufer im Südwesten des Schladitzer Sees geht es ruhig zu. Wassersportangebote, Animationsprogramme und laute Beats, die über den See schallen, suchen Actionverliebte hier vergeblich. Das Angebot soll sich von den anderen Seen im Leipziger Umland abheben, aber dennoch an Gäste jeder Altersgruppe richten. So finden auf dem angrenzenden Seebühnenareal im Sommer Konzerte, Musicals, Lesungen und Feste statt – für die ganze Familie. Im Caféhaus der Eismanufaktur Hayna gibt es über zwanzig hausgemachte Eissorten, darunter auch Birne-Frischkäse, Buttermilch-Holunder und Eierlikör. Von der kleinen Terrasse mit den reich verzierten weißen Stühlen und Tischen im Biedermeier-Stil hat man einen herrlichen Blick auf den See (www.eismanufaktur-hayna.de). Wer es lieber deftig mag, kann beim Imbiss »Jules« Frikadellen, Currywurst und Pommes bestellen.

Dem Rundweg um den See im Uhrzeigersinn folgen. An der ersten Kreuzung den Weg den Hügel hinauf nehmen. Am ersten Abzweig nach rechts und dann gleich wieder links abbiegen.

Blick auf die Kiwara-Savanne: Den Zebras, Antilopen und Giraffen ganz nah.

EIN HAUCH VON AFRIKA MITTEN IN LEIPZIG

KM 21,1

Schafshöhe

Steinerner Picknickplatz mit Aussicht

Auf Steinen sitzen kann unglaublich gemütlich sein, vor allem, wenn sie von der Sonne gewärmt sind. Der Rastplatz Schafshöhe auf der westlichen Seite des Sees wurde aus Steinen und Steinplatten erbaut. Er liegt direkt am Fahrradweg auf einer kleinen Anhöhe. Über die hüfthohen Steinmauern hat man einen schönen Blick über den See bis rüber zur Schladitzer Bucht mit ihrem großen Wassersport-Angebot. Planespotter aufgepasst! Die Flugzeuge, die am Flughafen Leipzig / Halle starten oder landen, fliegen oft nur in einer Höhe von 200 Metern über den See und damit ganz nah am Rastplatz vorbei.

Dem Rundweg weiter im Uhrzeigersinn folgen. Gegenüber vom Wolteritzer Strand führt ein Weg zum Café.

Ein Rastplatz zum Verlieben – und mit Blick auf die Schladitzer Bucht.

Wie im Urlaub: 100 Meter neben den Strand wartet der Imbiss.

KM 22,4

5 Wolteritzer Strandcafé

Erst schlemmen, dann sonnenbaden

Ein rot-weißes Schild am Radweg weist den Weg zum Wolteritzer Strandcafé. In den Blumenkübeln vor dem großen Freisitz wachsen rote Geranien. An der Wand des Cafés steht »Willkommen in unserer Familie«, da fühlt man sich direkt wohl. Auf den rustikalen Holzbänken lassen es sich die Gäste schmecken. Es gibt ein breites Angebot an Speisen: Von der obligatorischen Bockwurst über Kartoffelpuffer mit Apfelmus bis zur Tagessuppe und frischen Salaten. Auch Eis und Kuchen sowie eine große Getränkeauswahl stehen auf der Karte (www.wolteritzerstrand.de). Das Gute: Alles, was in Gläsern ausgeschenkt wird, dürfen Gäste im Becher mit an den Strand nehmen. Der liegt auf der anderen Seite des Radwegs, nur einen Katzensprung entfernt.

Dem Rundweg weiter folgen.

Am Radweg weist ein Schild den Weg zum Wolteritzer Strandcafé.

KM 25,3

6 Schladitzer Bucht

Auf die Bretter, fertig, los!

Die Schladitzer Bucht ist Leipzigs Wassersport-Mekka. In der lang gezogenen Bucht mit großem Sandstrand und Liegewiesen ist in den Sommermonaten ordentlich was los. Wer es ein bisschen ruhiger mag, sollte sich auf der grünen Wiese unter den hohen Bäumen ein Schattenplätzchen suchen – mit herrlichem Seeblick! Über das Wasser ziehen Surfbretter und Segelboote ihre Runden. Ein Garant für Lachanfälle ist Mitteldeutschlands größter Wasser-Fun-Park – eine riesige aufblasbare Spaßinsel. Das gastronomische Angebot ist groß: Neben dem Imbiss Seeblick und dem Beachclub begrüßt auch das Restaurant Levante große und kleine Gäste.

An der Schladitzer Bucht zu den ausgewiesenen Parkplätzen hochfahren. Dort links auf die Haynaer Straße fahren. Den Kreisel an der zweiten Ausfahrt in Richtung Rackwitz verlassen. In Rackwitz links auf die Leipziger Straße abbiegen, durch den kleinen Tunnel unter den Bahnschienen hindurchfahren und links in die Bahnhofstraße einbiegen.

EXTRA INFOS:

In runden ● **Tenthouses** mit trichterförmigem Dach an der Schladitzer Bucht können Erholungssuchende ruhige Abende und Nächte am See verbringen (www.campdavid-sportresort.de).

KM 28,9 » ZIEL

S-Bahnhof Rackwitz

Das türkisblaue Wasser der Schladitzer Bucht verspricht Badespaß pur.

Werbeliner See
Wolteritz
5 Wolteritzer Strandcafé
4 Schafshöhe
Gerbisdorf
Schladitzer See
Übernachten im Tenthouse
6 Schladitzer Bucht
Hayna
3 Biedermeierstrand
Rackwitz
ZIEL S-Bahnhof Rackwitz
Lober
Hohenossig
B 2
Podelwitz
Göbschelwitz
Hohenheida
Radefeld
B 184
A 14
S 1
Deponie Seehausen 173
MERKWITZ
SEEHAUSEN
Breitenfeld
IMMER GERADEAUS – RENNSTRECKE!
Tannenwald
Fuchsberg 133
Plaußig
LÜTZSCHENA-STAHMELN
WIEDERITZSCH
Ratsholz
LINDENTHAL
Portitz
Lützschena
B 6
PLAUSSIG-PORTITZ
Stahmeln
MOCKAU-NORD
THEKLA
Dominikanerkloster St. Albert
WAHREN
MÖCKERN
Auwald der nördlichen
EUTRITZSCH
MOCKAU-SÜD

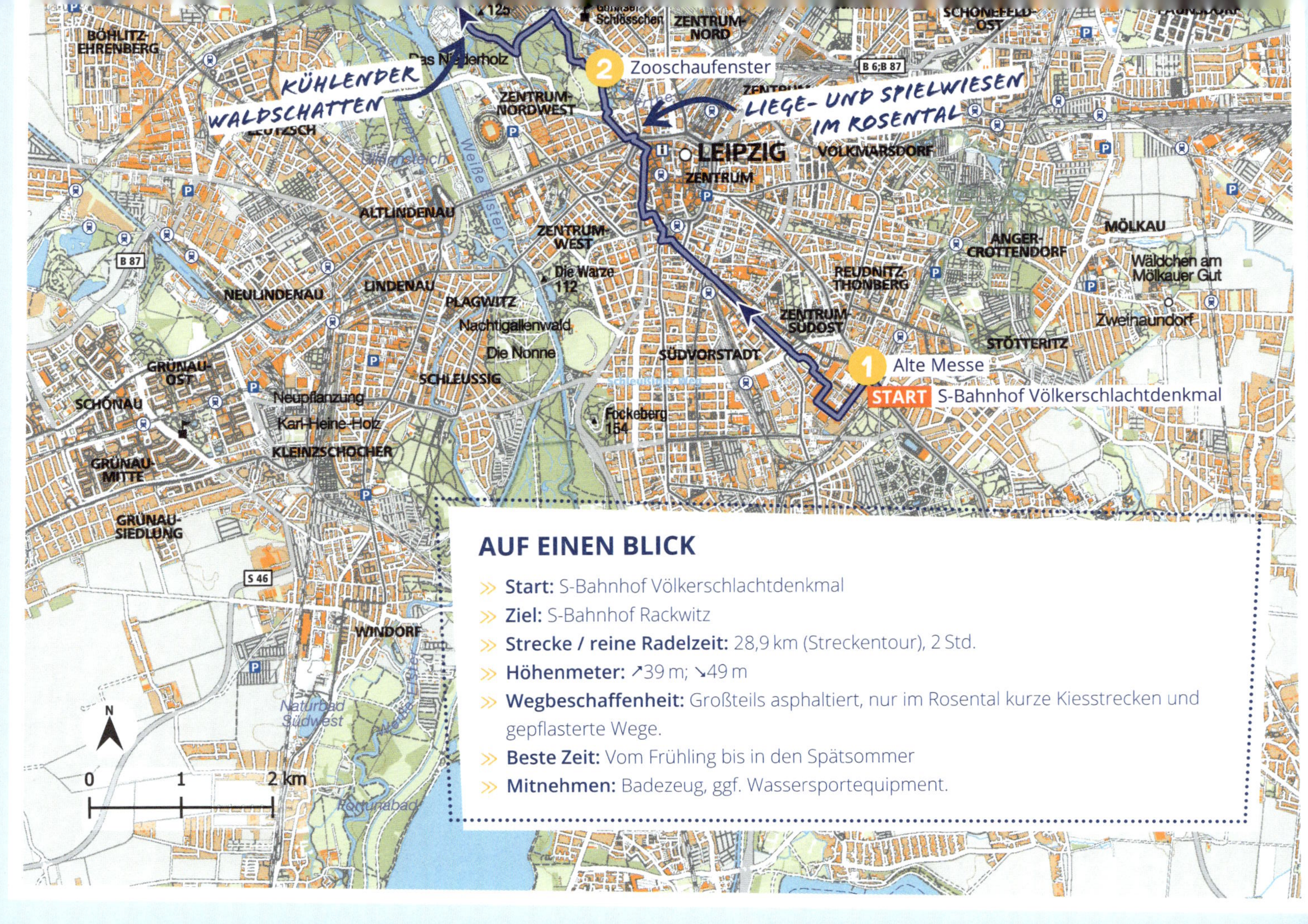

AUF EINEN BLICK

- **Start:** S-Bahnhof Völkerschlachtdenkmal
- **Ziel:** S-Bahnhof Rackwitz
- **Strecke / reine Radelzeit:** 28,9 km (Streckentour), 2 Std.
- **Höhenmeter:** ↗39 m; ↘49 m
- **Wegbeschaffenheit:** Großteils asphaltiert, nur im Rosental kurze Kiesstrecken und gepflasterte Wege.
- **Beste Zeit:** Vom Frühling bis in den Spätsommer
- **Mitnehmen:** Badezeug, ggf. Wassersportequipment.

DIE RADELPAUSEN

» START
S-Bahnhof Connewitz

KM 3
1 agra-Park
Im Schatten der Jahrhundertbäume

KM 3,7
2 Zinnfigurenmuseum im Torhaus Dölitz
Geschichte im Miniaturformat

KM 6
3 Neuseenland Fisch
Backfisch im Brötchen

12 NEU-SEENLAND-SCHAFTEN

Rund um den Markkleeberger und den Störmthaler See

Von der Braunkohleregion zur wachsenden Gewässerlandschaft: Um den Markkleeberger und den Störmthaler See führen die Radwege mal ganz nah ans Ufer der blaublitzenden Seen heran, dann hoch hinauf auf alte Tagebau-Abbruchkanten – Panoramen zum Verlieben.

KM 12,2

4 Bergbau-Technik-Park
Den Stahlgiganten ganz nah

KM 21,5

5 Vineta und Lagovida
Urlaub für einen Tag

KM 32,6

6 Kanupark Markkleeberg
Wilde Wellen

KM 39,4 » ZIEL
S-Bahnhof Connewitz

AB IN DEN URLAUB

Die gefluteten Braunkohlereviere im Süden Leipzigs sind mittlerweile kleine Ferienparadiese. Mit ihren schönen Stränden, leckeren Fischbuden, Fahrgastschiffen und Wassersportangeboten sind sie wie gemacht für einen Mini-Urlaub an der frischen Luft. Und auch kulturell hat die Strecke zu und um die Seen einiges zu bieten. Wer von Connewitz an der Pleiße entlangradelt, passiert den schön gestalteten **agra-Park**. Eine Wasserfontäne zaubert einen Regenbogen über den großen Teich am Weißen Haus. Nur wenige Schritte weiter steht der Musentempel, der vielleicht schönste Rastplatz auf der Strecke. Durch den weitläufigen Park hindurch geht es zum **Zinnfigurenmuseum im Torhaus Dölitz.** Die Präsentation der Soldaten, Marktfrauen und persischen Kamelreiter ist auch für Menschen, bei denen die kleinen Figuren keine nostalgischen Gefühle mehr wecken, unvergesslich.

DER SCHÖNSTE MOMENT: MIT WARMEM BACKFISCHBRÖTCHEN IN DER HAND DEN BLICK ÜBER DEN MARKKLEEBERGER SEE GENIESSEN

Nun müssen Erholungssuchende nur noch eine letzte trubelige Verkehrsader passieren, dann kehrt am Ufer des Markkleeberger Sees endlich Ruhe ein. Also, erst mal durchatmen und ein leckeres Fischbrötchen im kleinen Imbiss **Neuseenland Fisch** an der Strandpromenade essen. Mit Matjes, Hering oder Backfisch im Bauch geht es am See entlang, dann an weiten Feldern vorbei zum **Bergbau-Technik-Park**. Hier verhält es sich wie mit den Zinnfiguren: Selbst Menschen, die sich wenig bis gar nicht für den Bergbau interessieren, werden staunend vor den Großgeräten stehen.

Durch das Tor des Parks hindurch geht es über eine ruhige Landstraße zum Störmthaler See. Am Ufer fällt der Blick auf die Vineta, eine schwimmende Kirche inmitten des Sees. Ausflugsboote zur Vineta starten im Stundentakt an der Anlegestelle unterhalb des **Vineta Bistros**. Nur eine Radelminute entfernt erstreckt sich feiner Sandstrand am Seeufer.

Auf den ruhigen Uferwegen des Störmthaler Sees geht es zurück zum Markkleeberger See. Wildwasserrauschen begrüßt die Ankommenden im Südosten des Sees. Die Besucherterrassen des **Kanuparks Markkleeberg** sind für eine letzte Rast wie gemacht. Danach heißt es dann »Tschüss, Neuseenland« und »Willkommen zurück in Leipzig«.

ssichtspunkt am Nordufer des
arkkleeberger Sees. Direkt daneben:
n langer Sandstrand.

Das Dorf Magdeborn musste dem Braunkohlebergbau weichen. Heute erinnert ein Gedenkstein an den Ort.

Der agra-Park ist mit über 50 Hektar das größte Parkensemble der Stadt.

RADELN & GENIEßEN

START

S-Bahnhof Connewitz

Zur Bornaischen Straße hochfahren und sie überqueren. Die Prinz-Eugen-Straße hinabrollen und links in die Apitzschgasse einbiegen. Die kleine Brücke überqueren und geradeaus weiterfahren. Den Tunnel durchradeln und kurz dahinter links abbiegen. Dem Radweg entlang der Pleiße folgen.

Der Musentempel am Großen Parkteich ist ein beliebtes Fotomotiv.

»Klasse der Genossenschaftsbauern« heißt diese Bronzeskulptur von Herbert Ihle.

KM 3

1 agra-Park

Im Schatten der Jahrhundertbäume

Links und rechts der Pleiße liegt der über 50 Hektar große agra-Park, der Bestandteil der Leipziger Auenlandschaft ist und nach dem Vorbild eines Englischen Landschaftsgartens angelegt wurde. Hier wachsen einheimische und fremde Gehölze, darunter auch ein Weinblatt-Ahorn, eine Leyland-Zypresse und eine großblättrige Schirm-Magnolie. Einige der Stiel-Eichen stehen sogar schon seit rund 250 Jahren an ihrem Platz. Ein besonderer Blickfang und zugleich beliebtes Fotomotiv ist der 1900 errichtete Musentempel am Großen Parkteich.

Die Brücke über die Pleiße nehmen. Die B 2 unterqueren und um die Parkgaststätte herum in den Park hineinradeln. An der nächsten Weggabelung rechts fahren.

So detailreich wie einzigartig: Das Zinnfigurenmuseum im Torhaus Dölitz.

KM 3,7

2 Zinnfigurenmuseum im Torhaus Dölitz
Geschichte im Miniaturformat

Sie sind nicht mal drei Zentimeter groß, doch zu Tausenden ziemlich wahnwitzig: Zinnfiguren, mit denen Kinder bereits im antiken Rom spielten. Das Zinnfigurenmuseum im Torhaus Dölitz, das zu den umfangreichsten seiner Art in Europa zählt, erklärt ihre Geschichte und zeigt Dioramen, Figurengruppen und Einzelfiguren zur Leipziger Geschichte, aber auch zu Ereignissen des 18. und 19. Jahrhunderts. Highlight ist ein historisches Großdiorama der Völkerschlacht, das auf 25 Quadratmetern die Kampfhandlungen des 18. Oktober 1813 auf dem südlichen Schlachtfeld rund um die Ortschaften Dölitz, Probstheida und Holzhausen zeigt. Wer wissen will, wo Napoleon die französischen Garde-Regimenter in die Schlacht führte und an welcher Stelle die Quantsche Tabakmühle mit dem französischen Hauptquartier lag, kann die Stellen per Knopfdruck aufleuchten lassen (www.torhaus-doelitz.eu).

Durch das Torhaus hindurchfahren, dann rechts auf die Helenenstraße und an der nächsten Kreuzung wieder rechts abbiegen. Der Bornaischen Straße knapp zwei Kilometer bis zum Markkleeberger See folgen.

KM 6

3 Neuseenland Fisch
Backfisch im Brötchen

Der leckere Geruch nach in Fett gebackenem Fisch kündigt den kleinen Imbiss Neuseenland Fisch über dem Strandbad Ost bereits an: In der Bude gibt es frisch belegte Fischbrötchen – vom Brathering über würzigen Matjes bis hin zu Bismarckhering und heißem Backfisch (mit Remoulade und frischem Salat). Auch Garnelen und Räucherfisch stehen auf der Karte und natürlich der Imbiss-Klassiker: Pommes (wermsdorfer-fisch.de/neuseenland-fisch). Der schönste Ort, um das Fischbrötchen zu genießen, ist der Strand. Auch ein kleiner Verdauungsspaziergang entlang der Seepromenade lohnt sich.

Den See entgegen dem Uhrzeigersinn umfahren. An der Südwestspitze weiter in Richtung Süden fahren. Am Rastplatz Cröbern vorbei und der Ausschilderung zum Störmthaler See folgen. Hinter der Autobahnbrücke am Modellfliegerclub die Straße links nehmen.

Neuseenland Fisch: Nirgendwo schmeckt ein Backfisch-Brötchen besser als am Strand.

Unterhalb des Dispatcherturms liegt der Vineta Hafen.

KM 12,2

4 Bergbau-Technik-Park

Den Stahlgiganten ganz nah

Schon Kilometer, bevor man per Rad den Bergbau-Technik-Park erreichen, sieht man zwei Tagebau-Großgeräte, die sich wie stählerne Aliens aus der Landschaft erheben: Den 2400 Tonnen schweren Bandabsetzer und den fast ebenso mächtigen Schaufelradbagger aus den 1980er Jahren – Artefakte der Ingenieurskunst. Selbst wer nur als Zaungast einen Stopp einlegt, wird ob ihrer schieren Größe staunen. Am Eingang begrüßt ein Kommando-Führerstand aus dem Tagebau Zwenkau die Gäste, im Inneren des gläsernen Baus befindet sich die Kasse. Dahinter wartet das Freiluftmuseum. Auf 24 Tafeln informiert der Park über Geologie und Technologie und erinnert an die »verlorenen Orte«, die dem Tagebau weichen mussten. An den Wochenenden und an Feiertagen führen jeweils um 11 und 14 Uhr ehemalige Kumpel über das Gelände (www.bergbau-technik-park.de).

Der Straße nach Süden folgen. An der Gabelung links fahren. Die Südspitze des Sees umrunden und am Ufer entlang bis zum Vineta Bistro und später weiter zum Ferienresort Lagovida fahren.

KM 21,5

5 Vineta und Lagovida

Urlaub für einen Tag

Das Vineta Bistro im ehemaligen Dispatcherturm begrüßt die Gäste mit einer Zeitreise. An der Außenwand hängen drei großflächige Bilder, die den Ort und seine Verwandlung vor und während der Tagebau-Zeit zeigen. Unterhalb des Bistros liegt ein Hafen mit kleinem Strand. Dort starten die Bootsausflüge zur Vineta, dem höchsten schwimmenden Bauwerk auf einem deutschen See. Die nicht geweihte Kirche ragt 15 Meter in den Himmel und soll an alle Dörfer erinnern, die dem Kohleabbau weichen mussten (www.vineta-stoermthal.de). Kurz vor dem benachbarten Ferienresort Lagovida erstreckt sich feiner Sandstrand am Seeufer: Einfach das Handtuch ausbreiten und dem leisen Schwappen des Wassers lauschen.

Den Rundweg um den See herum weiterradeln. Im Norden den Schildern in Richtung Markkleeberger See folgen. Die Autobahnbrücke überqueren und kurz dahinter links abbiegen. Der Kanupark ist ausgeschildert.

Der Schaufelradbagger war ein
Großtagebau Espenhain im Ein

Wildwasser-Rafting: Da kommt schon beim Zuschauen Stimmung auf.

EXTRA INFOS:

An der windgeschützten Uferlinie des Ferienresorts Lagovida liegen die ● **Dünenhäuser** – mit Sonnenterrassen, eigenem Strand und direktem Seezugang (www.lagovida.de).

Im Osten des Störmthaler Sees liegt auf einer ehemaligen Abbruchkante der Grube ein kleiner Rastplatz mit WC, mobilem Eiswagen und einem ● **Aussichtspunkt**, von dem man einen traumhaften Blick über den See hat.

Von der ● **Bronzestatue Bella Gruna** am Südufer des Störmthaler Sees hat man einen herrlichen Blick über das Gewässer. Praktischerweise steht direkt davor eine Bank.

KM 32,6

Kanupark Markkleeberg

Wilde Wellen

Man hört den Kanupark, bevor man ihn sieht. Das Rauschen des Wassers erinnert an einen wilden Bergfluss. Und so hart, wie die Kanuten und Rafter gegen die Wellen ankämpfen, scheint es sich auch im Wasser anzufühlen. Das Beste für alle, die nur einen kurzen Stopp einlegen wollen: Zaungäste dürfen den tapferen Wassersportfreaks bei ihrem Kampf gegen die Wellen zuschauen. Der Park hat eine der modernsten Wildwasseranlagen Europas. Bei internationalen Wettkämpfen kann man von hier aus auch den Spitzensportler:innen im Kanu-Slalom zugucken. Am Startbecken steht der Wildwasser-Kiosk mit Freisitz, am Zielbecken wartet ein Bistro und Café mit Terrasse – einen Panorama-Blick auf den Markkleeberger See gibt es gratis dazu (www.kanupark-markkleeberg.com).

Am Kanupark rechts vorbeiradeln und dem Rundweg entgegen dem Uhrzeigersinn folgen. Am Imbiss Neuseenland Fisch rechts hochfahren und am Parkplatz vorbei auf die Bornaische Straße fahren. Der Straße rund 3,5 Kilometer folgen, dann rechts in die Liechtensteinstraße und kurz darauf links in die Karl-Jungbluth-Straße abbiegen.

KM 39,4 » ZIEL

S-Bahnhof Connewitz

Vom Kanupark aus den Sonnenuntergang über dem Markkleeberger See bestaunen.

S-Bahnhof Connewitz
START & ZIEL
(N)OSTALGI
AGRA-MESS
KÜHLE WALDLUFT
1
agra-Park
2
Zinnfigurenmuseu
Torhaus Dölitz
3
Imbiss
Neuseenland
Fisch
BESTER BLICK AUF
DIE EISERNEN GIGANTEN
Cospudener See
Zwenkauer See
Markkleeberg
Zwenkau
Böhlen
CONNEWITZ
GROSSZSCHOCHER
WINDORF
KNAUTKLEEBERG-
KNAUTHAIN
MARKKLEEBERG-
WEST
MARKKLEEBERG-
OST
RASCHWITZ
ZÖBIGKER
GROSSSTÄDTELN
KLEINSTÄDTELN
GASCHWITZ
HARTMANNSDORF-
KNAUTNAUNDORF
PROBSTDEUBEN
KOTZSCHBAR
IMNITZ
Deponie Küchenholz
155
Der Stempel
Der Wolfswinkel
Der Horst
Waldsee Lauer
Naturbad Südwest
Knautkleeberg
Fortunabad
Knauthain
Schloss Knauthain
Schloss Zöbigker
Hartmannsdorf
Neue Harth
Bistumshöhe
131
NSG
Markkleeberger See
Crostewitzer Höhe
130
Großdeuben
Frankenteiche
Elsteraue bei Zwenkau
Zwenkauer Hafen
Rathaus Zwenkau
Wapplersee
Restloch 13
A 38
B 2
S 46
0
1
2 km
N

AUF EINEN BLICK

- **Start / Ziel:** S-Bahnhof Connewitz
- **Strecke / reine Radelzeit:** 39,4 km (Rundtour), 3 Std.
- **Höhenmeter:** ↗63 m; ↘63 m
- **Wegbeschaffenheit:** Fast nur asphaltierte Wege, nur kurze Kiesstrecken.
- **Beste Zeit:** Von Mai bis Ende September.
- **Mitnehmen:** Badezeug, Sonnenhut oder Basecap für Bootsfahrt.

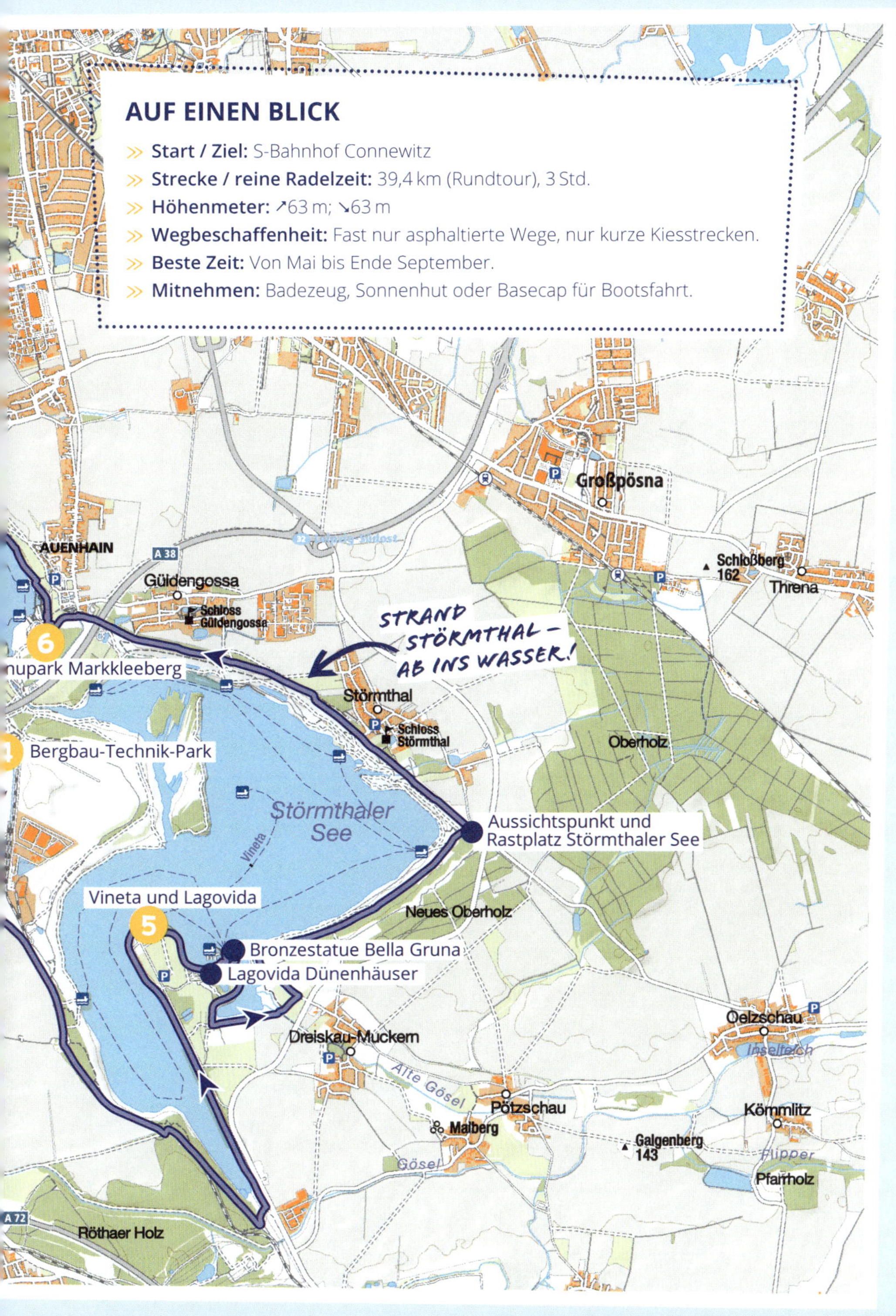

DIE RADELPAUSEN

» START
Bahnhof Naumburg

KM 1,4
1 Naumburger Dom
Wo die Glocken erklingen

KM 12,7
2 Zscheiplitzer Umlaufberg
Den Blick auf die Weinberge genießen

KM 14,3
3 Weingut Pawis
Stößchen!

13 EIN HAUCH VON TOSKANA

Auf und nieder im Weinanbaugebiet Saale-Unstrut

Jede Menge Weinberge, mäandernde Flüsse, sanfte Hügel und Pappeln, die aus der Ferne an Zypressen erinnern. Wer sich nach einer kleinen Toskana-Auszeit sehnt – ganz ohne Stress und weite Anfahrt – sollte durchs nördlichste Weinanbaugebiet der Republik radeln.

KM 17,7
4 Weinstadt Freyburg
Her(w)einspaziert!

KM 30,1
5 Schloss Goseck
Ritterkost und Kirche

KM 39,1
6 Weißenfels
Spaziergang zwischen Ruinen und goldener Zukunft

KM 39,5 » ZIEL
Bahnhof Weißenfels

DURCHS REBENMEER

Guter Wein, malerische Landschaften, reiche Kultur – dafür ist die Toskana bekannt. Doch all das lässt sich auch an den Ufern von Saale und Unstrut finden – und dazu noch viel mehr. Viele Radwege führen an ihren baumbewachsenen Ufern entlang, die im Hochsommer kühlen Schatten spenden. Burgen, Schlösser, Kirchen und Museen gibt es hier reichlich. Der Auftakt mit der UNESCO-Welterbestätte **Naumburger Dom** könnte kaum prunkvoller sein.

Wer Richtung Freyburg radelt, passiert Weindörfer und Weingüter, die das Herz jedes Weinliebhabers höherschlagen lassen. Überall sprießen die Reben. Auf die meisten Weinberge dürfen diejenigen, die Treppenstufen nicht scheuen und schwindelfrei sind, hinaufkraxeln.

DER SCHÖNSTE MOMENT: WENN SICH HINTER DEN MAUERN VON SCHLOSS GOSECK PLÖTZLICH DAS SAALETAL BIS ZUM HORIZONT ERSTRECKT

Hoch hinauf geht es auch in **Zscheiplitz**. Der Umlaufberg gibt schönste Postkartenpanoramen frei und endet am Kloster Zscheiplitz. Über die Zinnen des Nonnenturms fällt der Blick auf die Terrassenweinberge bei **Freyburg.** Mehr Toskana geht nicht! In der benachbarten Straußwirtschaft des **Weinguts Pawis** dürfen die edlen Tropfen gekostet werden.

Von Freyburg geht der Radweg an der Unstrut entlang bis zur Saalemündung, und dann an der Saale entlang bis zum **Schloss Goseck**, das hoch über der Saaleaue thront. Wer den Weg hinauf nicht scheut, bekommt einen faszinierenden Blick ins Saaletal geschenkt. Die Route ins Zentrum von **Weißenfels** führt zunächst über Felder, dann an Ruinen herrschaftlicher Anwesen, stillgelegten Industriebetrieben und feinen Gutshäusern vorbei. In Weißenfels ist der Wandel noch im Gange. Gerüste an den Häusern künden vom Neuanfang. Es dauert nicht mehr lange, dann ist die Region vielleicht ähnlich populär wie die Weinregionen an Mosel und Rhein. Denn sie hat alles, was es dafür braucht. Also, nicht länger warten: Los geht's!

«

Mitten in den terrassierten Weinbergen des Schweigenbergs steht das Toskana-Schlösschen.

In die Felsen der Weinberge am Max-Klinger-Haus hat ab 1722 ein unbekannter Künstler biblische Motive gemeißelt.

Im Hofladen der Mühle Zeddenbach gibt es neben frisch gemahlenem Mehl auch zahlreiche regionale Erzeugnisse.

RADELN & GENIEẞEN

START

Bahnhof Naumburg

Auf dem Vorplatz des Bahnhofs und durch die Stadt hindurch ist der Weg zum Dom ausgeschildert.

KM 1,4

1 **Naumburger Dom**

Wo die Glocken erklingen

Ein großes Tor führt in den Innenhof des Naumburger Doms. Rosafarbene Rosen ranken sich an alten Mauern empor. Die vier Türme des Naumburger Doms St. Peter und St. Paul, zwei in romanischen und zwei in gotischen Stil, ragen in den blauen Himmel hinauf. Die UNESCO-Welterbestätte ist das Zuhause von drei unterschiedlich großen Glocken – dem Festgeläut des Doms. Im Westchor zieht eine Stifterfigur mit rotgeschminkten Lippen und aufgeschlagenen Mantelkragen alle Blicke auf sich – es ist die Gemahlin vom Markgraf Ekkehard II., Uta. In dem ältesten Bauteil des Naumburger Doms, der dreischiffigen Hallenkrypta, hallen die Schritte durch den schlichten Raum. Wer die Stufen des Nord-West-Turms erklimmt, darf in luftigen 52 Metern Höhe den Ausblick über die Weinregion Saale-Unstrut genießen.

Der Roßbacher Straße in Richtung Freyburg folgen. Hinter der Brücke über die Saale rechts einbiegen. Der Fahrradweg läuft parallel zur Landstraße weiter: über Großjena, an Freyburg und dem Schweigenberg vorbei bis zu einer Schotterpiste, die zur Klosterkirche Zscheiplitz hinaufführt.

Der Dom ist ein herausragendes Zeugnis der Architektur des Hochmittelalters.

KM 12,7

2 Zscheiplitzer Umlaufberg

Den Blick auf die Weinberge genießen

Der Umlaufberg, auf dem die Klosterkirche steht, gehört zum Geo-Naturpark Saale-Unstrut-Triasland. Es lohnt sich, das Fahrrad am Parkplatz abzustellen und die 30-minütige Wanderung auf dem geologischen Lehrpfad zu machen. Der Weg führt durch einen alten Kalksteinbruch, einst Meeresboden, in dem sich noch heute Fossilien finden lassen. Um die nächste Wegbiegung herum steht plötzlich eine Lore auf Gleisen – mitten auf dem Hochplateau. Sie wurde einst für die Arbeiten am Kalkbrennofen gebraucht, von dem heute noch der 1933 gebaute Aschekasten zu sehen ist. Hinter der nächsten Biegung öffnet sich der Blick und fällt schon bald auf den Schweigenberg, einen 25 Hektar großen Terrassenweinberg mit zahlreichen Weinberghäuschen. Sogar ein »Toskana-Schlösschen« gibt es, mattrot mit Türmchen, zwischen all den Reben. Toskana, jubelt das Herz, Toskana!

Am Nonnenturm durch eine Tür in der Mauer in den alten Klosterhof eintreten.

Die Unstrut schlängelt sich am Fuße des Umlaufbergs durchs Tal.

Im Brunnenhaus des Weingut Pawis können Gäste übernachten.

KM 14,3

3 Weingut Pawis

Stößchen!

Wer das Weingut Pawis im alten Klostergut auf dem Berg besucht, sollte nach der Dame mit dem Sträußchen an der Eingangstür Ausschau halten. Denn: Wenn's Sträußchen hängt, wird ausgeschenkt. Im Mai, August, September und Oktober kann man sich im Gutshof, auf der Rasenfläche am Brunnen oder auf der großzügigen Terrasse ein lauschiges Plätzchen suchen. In der Gutsküche werden hausgemachte Kleinigkeiten und Flammkuchen angeboten. Die Vinothek hat ganzjährig geöffnet: 30 Weine, 15 Rebsorten, von Himmelreich bis Edelacker, weiß und rot (www.weingut-pawis.de).

Den Fluss überqueren und links den Weg nach Freyburg einschlagen.

KM 17,7

4 Weinstadt Freyburg
Her(w)einspaziert!

Im Herzen der mitteldeutschen Weinregion liegt das Städtchen Freyburg. An vielen Fassaden rankt der Wein, der hier in der Umgebung so prächtig gedeiht. Nicht nur in den Weinbars und Weinstuben, sondern auch in der Freyburger Weingalerie lassen sich die edlen Tropfen kosten. Besonders schön sitzt man an der Weingalerie am Schweigenberg oder am Ausschank des Herzoglichen Weinbergs am Ortausgang Richtung Naumburg. Hoch über der Stadt thront Schloss Neuenburg mit mächtigem Wehrturm, romanischer Doppelkapelle und kleinem Weinmuseum im Kellergewölbe. Der Blick auf Freyburg und das Unstruttal lässt die Mühen des Aufstiegs schnell vergessen.

Richtung Großjena aufbrechen, dann der Beschilderung zum Max-Klinger-Haus folgen und der Saale entlang bis zur Naumburger Wein- und Sektmanufaktur radeln. Auf die »Henne« hoch und links auf die L 205 abbiegen. Nach 500 Metern nach Eulau abbiegen. Dort dem Gosecker Weg folgen.

Toskana-Feeling auf den Terrassenweinbergen des Schweigenbergs.

Die heutige Schlosskirche entstand aus den Ruinen des Klosters Goseck.

KM 30,1

5 Schloss Goseck
Ritterkost und Kirche

Endlich ragt es am linken Saaleufer über den Baumwipfeln auf dem Sporn eines Höhenplateaus hervor: Schloss Goseck, die einst als Burg gebaute, später von den Benediktinern zum Kloster erweiterte Anlage über der Aue des Saaletals. Eine letzte Kraftanstrengung den Hügel hinauf, dann erreicht man das Schlossgelände. Prunkstück ist die aufwendig sanierte Schlosskirche, die multimedial erkundet werden kann – samt Zugang zur Herrschafts- und Orgelempore und Blick in die Gruft. Wer aus der Schlosskirche heraustritt, sollte links um das Gebäude herumgehen und der Mauer folgen. Ein verstecktes Tor führt dort auf einen kleinen Weg, der bereits nach einigen Metern den Blick auf das Tal bis nach Freyburg freigibt. Fotostopp! Vor der Weiterfahrt darf ein Abstecher in die Schlossschenke nicht fehlen. Wie wäre es mit einem hausgemachten Apfelkuchen, einer Holunderschorle oder einem Bratklops im Brötchen? (www.schlossgoseck.de)

Den Hügel hinab und links der Saale entlangradeln. Dann den Schildern Richtung Leissling folgen. Am Bahnhof links abbiegen, dann rechts auf den Weg Am Waldbad. Den Schienen bis nach Weißenfels folgen. Die Beuditzstraße führt ins Stadtzentrum.

KM 39,1

6

Weißenfels

Spaziergang zwischen Ruinen und goldener Zukunft

Wer vom Marktplatz der Saalestadt zum Schloss Neu-Augustusburg hinaufblickt, sieht einen prunkvollen, weißen Bau, der über der Stadt thront. Wer jedoch den Hügel hinauffährt, erschrickt. Dort, wo das weiße Schloss sein soll, steht nur ein brauner Bau mit verriegelten Fenstern. Wer durch das Tor des Schlosses geht, erkennt, warum das Schloss zwei Gesichter hat: Die eine Seite wurde bereits saniert, die andere nicht. Ganz ähnlich auch der Rest der Stadt Weißenfels: Feudale Stadthäuser stehen neben Ruinen, an sanierte Plätze grenzen verwaiste Häuser, von denen der Putz abbröckelt. Und gerade das macht den Charme der Stadt aus. Vergangenheit und Gegenwart liegen hier nah beieinander. Es ist erfreulich zu sehen, was für ein Schmuckstück hier einst lag und gerade dabei ist, zurückzukehren.

Der Bahnhof liegt auf der anderen Seite der Saale. Wer aus der Innenstadt kommend über die Pfennigbrücke fährt, steuert direkt darauf zu.

EXTRA INFOS:

Unterhalb des Klosters in Zscheiplitz, direkt an der Unstrut, liegt die ● **Mühle Zeddenbach** (www.muehle-zeddenbach.de). Auf dem Werksgelände gibt es einen liebevoll hergerichteten Mühlenladen. Neben frisch gemahlenem Mehl gibt es in den Regalen ein großes Sortiment an regionalen Erzeugnissen.

Erst ein Wein und dann ein Bett? Wer sich durch das Weinsortiment der Vinothek im **Weingut Pawis** probieren will, kann das Fahrrad stehen lassen und in einem der Ferienappartements im Brunnenhaus des ehemaligen Ritterguts schlafen. Sie tragen klangvolle Namen: Riesling, Burgunder, Zweigelt, Rosalie und Himmelreich.

KM 39,5 » ZIEL

Bahnhof Weißenfels

Halb renoviert, halb Lost Place: Das Schloss Neu-Augustusburg.

AUF EINEN BLICK

- **Start:** Bahnhof Naumburg
- **Ziel:** Bahnhof Weißenfels
- **Strecke / reine Radelzeit:** 39,5 km (Streckentour), 3 Std.
- **Höhenmeter:** ↗161 m; ↘167 m
- **Wegbeschaffenheit:** Überwiegend Asphalt, nur in Zscheiplitz und zwischen Freyburg und Schloss Godeck kurze Strecken auf Kies.
- **Beste Zeit:** Mit den Weinfesten im Mai beginnt in der Region die Saison. Auf dem Umlaufberg in Zscheiplitz wachsen von März bis in den Hochsommer hinein 30 wilde Orchideenarten.
- **Mitnehmen:** Im Rucksack Platz für ein Fläschchen Wein lassen.

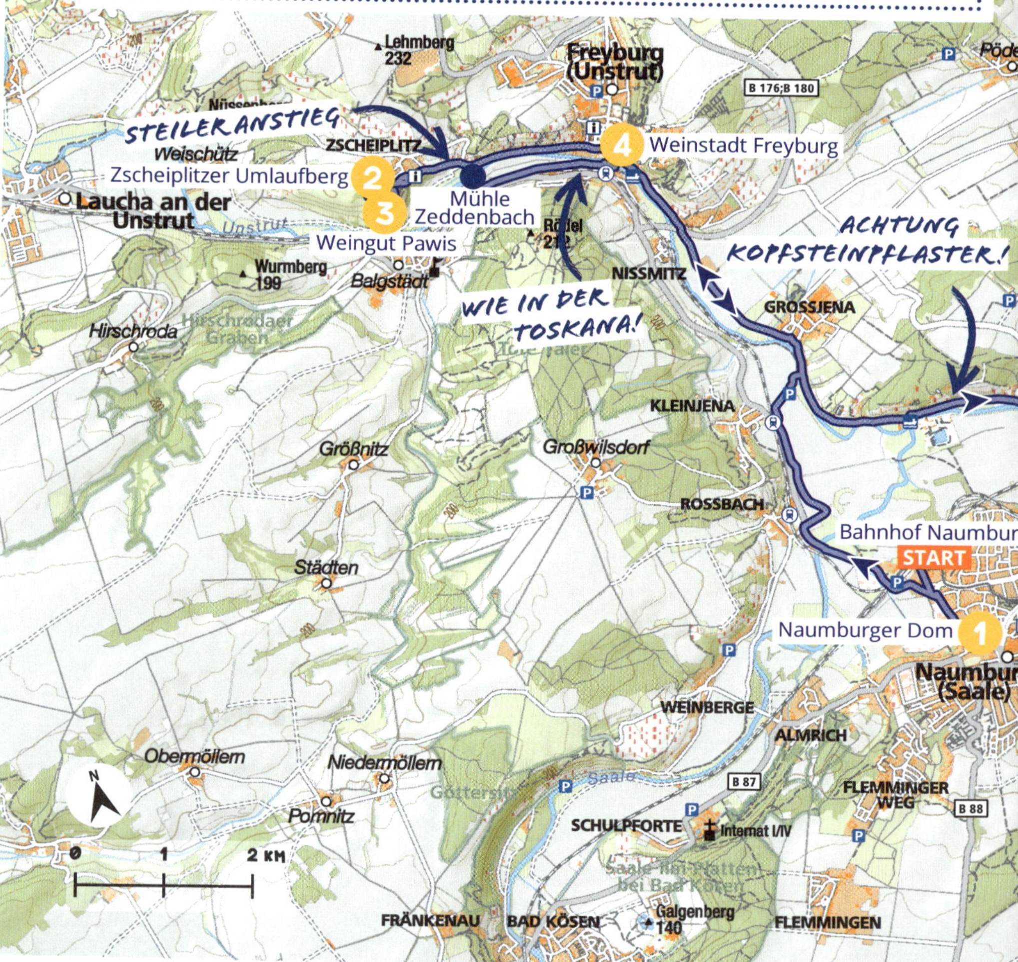

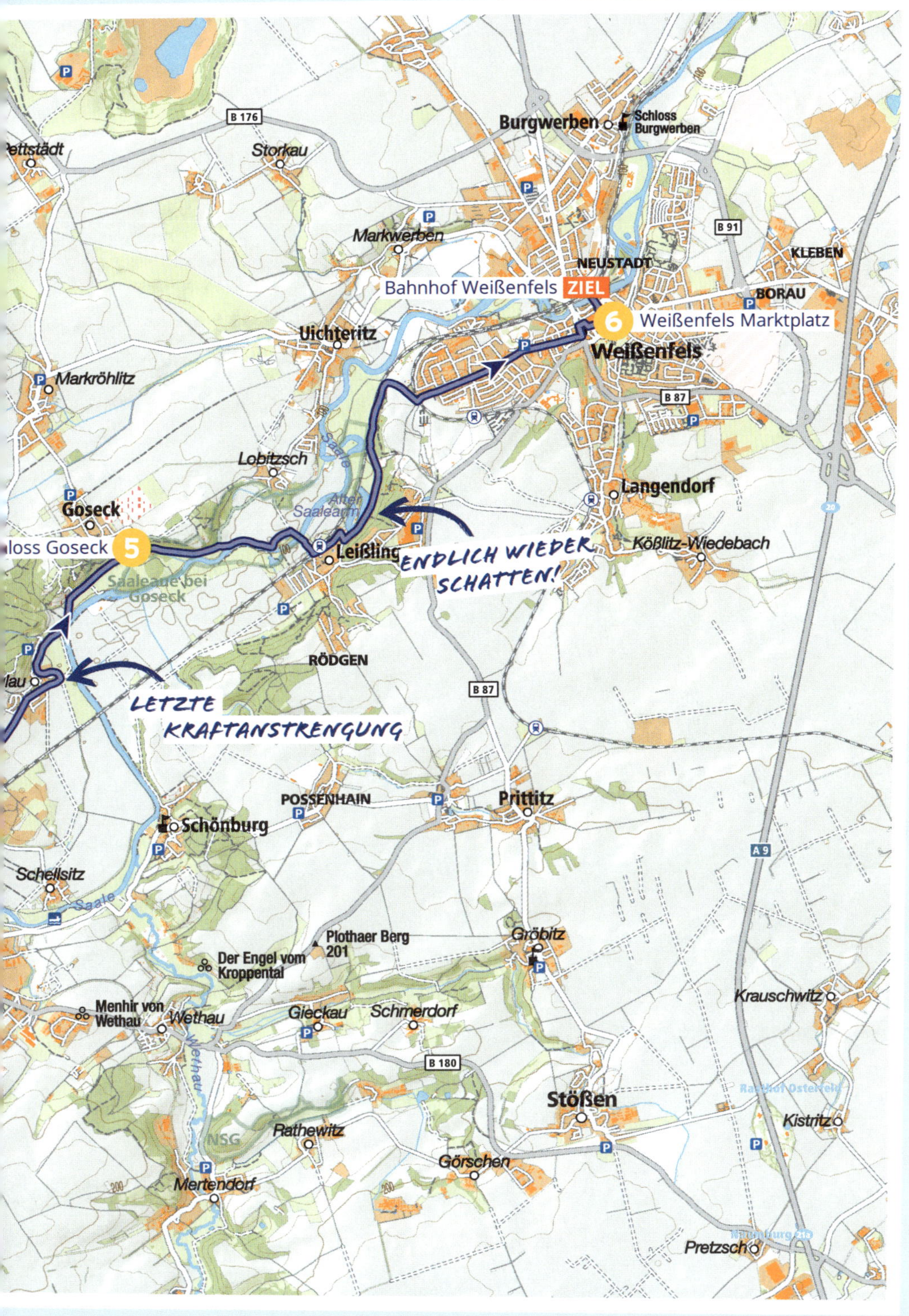
Bahnhof Weißenfels ZIEL
6 Weißenfels Marktplatz
Weißenfels
Burgwerben
Schloss Burgwerben
NEUSTADT
KLEBEN
BORAU
B 176
B 91
B 87
B 180
A 9
Storkau
Markwerben
Uichteritz
Markröhlitz
Lobitzsch
Saale
Alter Saalearm
Goseck
loss Goseck 5
Saaleaue bei Goseck
Leißling
ENDLICH WIEDER SCHATTEN!
Langendorf
Kößlitz-Wiedebach
RÖDGEN
LETZTE KRAFTANSTRENGUNG
POSSENHAIN
Prittitz
Schönburg
Schellsitz
Plothaer Berg 201
Der Engel vom Kroppental
Gröbitz
Menhir von Wethau
Wethau
Gieckau
Schmerdorf
Krauschwitz
Stößen
Kistritz
Rathewitz
Görschen
Mertendorf
NSG
Pretzsch

DIE RADELPAUSEN

»START
Bahnhof Weißenfels

KM 0,9
1 Schuhmuseum im Schloss Neu-Augustusburg
Geschichte und schöner Ausblick

KM 7,1
2 Dorfkirche Treben
Wo die Slawen ruh'n

KM 15,8
3 Nietzsche-Gedenkstätte
Geburtshaus, Taufkirche und Grab

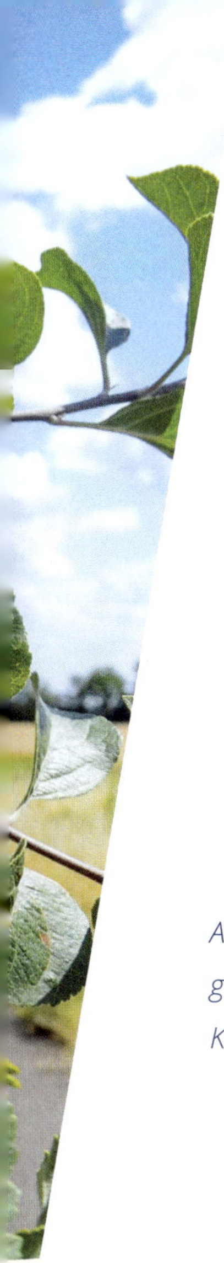

14

AUF ALTER TRASSE

Von der Residenzstadt Weißenfels bis an den Kulkwitzer See

Auf dem gut ausgebauten Saale-Elster-Radweg fliegt die Landschaft geradezu vorbei. Die alte Kohle-Bahntrasse zwischen Lützen und dem Kulkwitzer See sorgt glatt asphaltiert gar für Geschwindigkeitsrekorde.

KM 20,3

4 Tierpark Lützen
Der Esel ruft!

KM 31,6

5 Naturschutzgebiet Kulkwitzer Lachen
Einblick ins Naturparadies

KM 35,4

6 »Ab ans Ufer« am Kulkwitzer See
SUP und Limo

KM 37 » ZIEL

Bahnhof Markranstädt

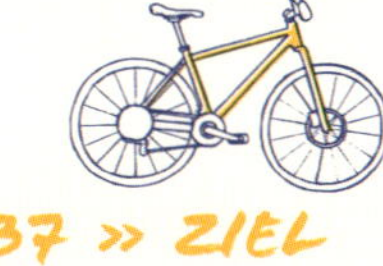

DAS TUTEN DER DAMPFLOKS …

… erklingt schon lange nicht mehr entlang der alten Eisenbahnstrecke. Heute ist sie Teil des Saale-Elster-Radwegs und führt schnurstracks durch die Felder bis an den Kulkwitzer See. Doch zunächst wollen Schlösser, uralte Grabsteine und das Zuhause eines großen Philosophen erkundet werden.

Am Startbahnhof in Weißenfels grüßt die Saale. Für den schönsten Blick auf die barocke Residenzstadt geht es zum **Schloss Neu-Augustusburg** hoch. Dann runter an die Saale, durch Dehlitz hindurch und hoch zur von slawischen Siedlern erbauten **Dorfkirche Treben** mit ihren uralten, moosbewachsenen Grabsteinen. Von dort führt der Weg an Äckern und Wiesen entlang. Viele Kilometer begegnet einem keine Menschenseele. Nur ein Hase lugt am Feldrand aus dem Getreidefeld. Wäre nicht die Autobahn in Sichtweite, käme einem die Welt gar ausgestorben vor. Die letzten Kilometer bis zur **Nietzsche-Gedenkstätte** geht es auf einen asphaltierten Radweg an der Landstraße entlang. Gleich hinter der Röckener Dorfkirche steht das Geburtshaus von Friedrich Nietzsche. Es ist still hier. Unter einer alten Linde erinnert eine Skulpturengruppe an den großen deutschen Philosophen. Nach dem Besuch der Gedenkstätte wird es Zeit für etwas Trubel. Und von dem gibt es im **Tierpark Lützen** genug. Blökend und meckernd rangeln die Tiere am Zaun um die Gunst der Zweibeiner mit ihren Futtertüten.

DER SCHÖNSTE MOMENT: IM SONNENSTUHL AM SEE DIE AUGEN SCHLIESSEN UND SICH IN DIE SÜDSEE TRÄUMEN

Auf der alten 13 Kilometer langen Kohle-Bahnstrecke geht es weiter nach Markranstädt. Vorbei an Feldern und kleinen Dörfern führt die alte Trasse (fast) immer geradeaus. Zeit, sich den Fahrtwind um die Ohren wehen zu lassen und mal richtig in die Pedale zu treten. Aber Vorsicht! Nicht aus Versehen am Naturschutzgebiet **Kulkwitzer Lachen** vorbeiradeln. Hinter dem Zaun helfen Schottische Hochlandrinder und Koniks bei der Landschaftspflege.

Das Schönste kommt zum Schluss: der Kulkwitzer See. Wem der Magen knurrt, der ist in der kleinen Kombüse samt Strandgarten von **Ab ans Ufer** genau richtig. Hier heißt es: Seele baumeln lassen und genießen, bevor es am Abend von Markranstädt aus zurück in die Heimat geht. «

RADELN & GENIEßEN

Von Mittelamerika bis Indonesien: Im Schuhmuseum werden Schuhe aus aller Welt ausgestellt.

START
Bahnhof Weißenfels

Über die Pfennigbrücke rüber, links der Promenade folgen. Die Kreuzung überqueren und die Schlossgasse hinauf zum Schloss radeln.

KM 0,9

1 **Schuhmuseum im Schloss Neu-Augustusburg**

Geschichte und schöner Ausblick

Schuhe im Schloss? Ganz genau! Von außen lässt sich kaum erahnen, was für ein Schatz im Inneren des Schlosses wartet: Seit 1987 ist das kleine, aber feine Schuhmuseum als Dauerausstellung Teil des Museums Weißenfels, das im Schloss seine Räume hat. Schnürpumps, Riemenpantolette oder Herren-Mokassins: Die Sammlung historischer Schuhe reicht viele Jahrhunderte zurück und zeigt völkerkundliches Schuhwerk aus vier Erdteilen. Neben der Schuhsammlung, die zu den umfangreichsten ihrer Art gehört, gibt es auch einen stadtgeschichtlichen Ausstellungsbereich (www.museum-weissenfels.de). Wer sich weder für Schuhe noch für Geschichte interessiert, kann auch einfach den herrlichen Blick über die Schlossmauer auf Weißenfels genießen.

Den Hügel hinunter der Leipziger Straße bis nach Dehlitz folgen. An der Dorfstraße rechts abbiegen und auf der Schotterpiste den Hügel hinauffahren (oder -schieben). Oben angekommen, rechts abbiegen.

Weißenfels war das Zentrum der Schuhproduktion in der DDR.

KM 7,1

2 Dorfkirche Treben
Wo die Slawen ruh’n

Bereits in der Steinzeit war dieser Ort auf der Hochebene besiedelt. Heute steht nur noch die von slawischen Siedlern um 936 errichtete Kirche. Es ist still hier, nur der Wind raschelt in den Bäumen. Es ist ein Ort der Toten. Das Dorf fiel bereits vor Jahrhunderten einer Feuersbrunst zum Opfer, heute ist neben der romanischen Kirche ein Friedhof. Faszinierend sind die mächtigen, teils moosbewachsenen Steinblöcke aus Braunkohlequarzit, die an der Südseite der Kirche stehen. Die uralten Grabsteine unter den knorrigen Bäumen waren zu Beginn des vorigen Jahrhunderts entdeckt, ausgegraben und aufgerichtet worden. Am Fuß des Hügels liegt Dehlitz. An der Dorfkirche kann das Glockenspiel bewundert werden. Richtig gelesen: an – und nicht in – der Kirche! Die drei gusseisernen Schwergewichte hängen an einem hölzernen Glockenstuhl im Garten.

Hinter Dehlitz der Beschilderung des Elster-Saale-Radwegs folgen. Nach Röcken hineinfahren und der Ausschilderung zum Nietzsche-Gedenkort folgen.

Der Glockenstuhl der Dehlitzer Dorfkirche steht im Kirchgarten.

Zum 100. Todestag von Nietzsche wurde die Skulpturengruppe eingeweih

KM 15,8

3 Nietzsche-Gedenkstätte
Geburtshaus, Taufkirche und Grab

»Trautes Dörflein! Wie oft gedenke ich dein!«, schrieb der 13-jährige Friedrich Nietzsche in einem seiner Gedichte. Röcken ist der Geburtsort des großen, deutschen Philosophen. Ein kleiner Pfad führt zur Taufkirche Nietzsches, in der sein Vater als Pfarrer wirkte. Nur wenige Schritte entfernt steht das Geburtshaus, in dem er 1844 zur Welt kam. Hier verbrachte er die ersten Jahre seiner Kindheit. Drei Tage nach seinem Tod im Jahr 1900 wurde sein Leichnam nach Röcken überführt und an der Südseite der Kirche bestattet. Zum 100. Todesjahr wurde eine Skulpturengruppe neben der Kirche aufgestellt. Mehrere lebensgroße Bronzen mit weißem Überzug sollen Nietzsche mehrfach an seinem eigenen Grab darstellen. In einem ehemaligen Stallgebäude gibt es ein kleines Museum, das mittwochs und am Wochenende öffnet (www.nietzsche-gedenkstaette.de).

Zurück auf den Fahrradweg der Weißenfelser Straße weiter in Richtung Lützen folgen. Immer auf der Straße bleiben, bis kurz vor dem Ortsausgang auf der rechten Seite der Tierpark kommt.

KM 20,3

4 Tierpark Lützen

Der Esel ruft!

Mit einem lauten »I-Ah!« begrüßt der Esel lauthals die Besucher:innen des Tierparks. Also schnell eines der Futtertütchen für eine Spende von 50 Cent schnappen und schon geht die schlabbrige Fütterei los. In den großzügigen Gehegen wohnen Rothirsche, Mufflons, Shetland-Ponys, Hängebauchschweine und viele weitere große und kleine Tiere. In der Tierparkklause gibt es klassische Imbiss-Snacks, frisch gebackenen Kuchen und Eis am Stiel. Kinder können im Park durch Tunnelrutschen sausen, auf dem XXL-Trampolin hüpfen oder ihre Runden auf kleinen Tier-Karussells drehen. Samstags und sonntags duftet es im Holle-Haus des Tierparks nach frisch gebackenen Broten, Focaccias und Bauernkuchen aus dem Holzofen (www.tierpark-luetzen.de).

Der Straße zurück nach Lützen folgen. Links in die Von-Bose-Straße einbiegen und dann dem beschilderten Elster-Saale-Radweg auf der alten Eisenbahntrasse folgen. Kurz hinter Seebenisch beginnen auf der linken Seite die Kulkwitzer Lachen.

I-Ah und Mäh! Zaungäste werden im Tierpark Lützen oft lautstark begrüßt.

Im 70 Hektar großen Naturschutzgebiet sind auch bedrohte Tierarten heimisch.

KM 31,6

5

Naturschutzgebiet Kulkwitzer Lachen

Einblick ins Naturparadies

Neben Brutvogelarten nutzen auch Durchzügler das Terrain.

Am Drahtzaun direkt am Bahndamm fällt ein gelbes »Bitte nicht füttern«-Schild schnell ins Auge. Dahinter erstrecken sich die baumbewachsenen Wiesen des Naturschutzgebiets Kulkwitzer Lachen. Die aus dem Braunkohletiefbau entstandenen Senken werden vom Regen aufgefüllt und versorgen so die Lachen mit Wasser. Auf den sattgrünen Wiesen weiden tierisch gute Landschaftspfleger: Leineschafe, Ziegen, Koniks und Schottische Hochlandrinder, die mit ihren Hörnern und der frechen Ponyfrisur lustig aussehen, verhindern ein Verbuschen der Flächen. Mähen? Überflüssig! Wer gute Augen oder einen Feldstecher dabeihat, kann in dem Biotop auch Schwarzkopfmöwen, Fischadler, Rohrdommeln oder sogar seltene Schwarzstörche sehen.

Hinter Göhrenz links dem Weg zum See folgen und auf der linken Seeseite bleiben. Kurz hinter einer großen Steintreppe liegt auf der rechten Seite das »Ab ans Ufer«.

KM 35,4

»Ab ans Ufer« am Kulkwitzer See

SUP und Limo

Am Westufer des Kulkwitzer Sees ist ein Südsee-Paradies entstanden (www.abansufer.de). Ein kleiner Holzturm weist den Weg. In der Uferkombüse werden allerhand vegetarische und vegane Leckereien geschnippelt und gebrutzelt – von Bowls bis Burger. Dazu eine Limo oder ein kühles Bier? Und schon ist die kleine Auszeit am See perfekt. Auf einer abschüssigen Wiese stehen bis an den See hinunter zahlreiche Liegestühle – natürlich immer mit Blick. Wer noch etwas Kraft übrig hat und in See stechen will, kann vor Ort ein Tret-, Solar- oder Ruderboot mieten oder mit einem SUP eine spontane Runde auf dem See drehen. Paddeln, treten oder treiben lassen? Hauptsache genießen!

Links abbiegen und in den Weg gegenüber der großen Steintreppe einbiegen. Hinter dem Spielplatz links abbiegen und der Karlstraße bis zur Straße An der Schachtbahn folgen. Rechts abbiegen und bis zur Hauptstraße fahren. Überqueren, links halten und gleich in die nächste Straße (Am Sportforum) rechts einbiegen. Der Bahnhof liegt auf der rechten Seite.

EXTRA INFOS:

An warmen Tagen stehen lange Schlangen vor dem ● **Eiscafé Eisbär** in Lützen. Doch das Anstehen lohnt sich. Die Eistheke ist prall gefüllt, und gegenüber vor dem Lützner Schloss gibt es eine große Wiese mit Liegestühlen.

KM 37 » ZIEL

Bahnhof Markranstädt

Am Kulkwitzer See heißt es zum Ausklang des Tages: »Ab ans Ufer«

AUF EINEN BLICK

» **Start:** Bahnhof Weißenfels
» **Ziel:** Bahnhof Markranstädt
» **Strecke / reine Radelzeit:** 37 km (Streckentour), 2 Std. 30
» **Höhenmeter:** ↗79 m; ↘58 m
» **Wegbeschaffenheit:** Großteils asphaltierte Wege, nur kurze Kiesstrecken.
» **Beste Zeit:** Frühling bis Spätsommer.
» **Mitnehmen:** Fernglas für Vogelbeobachtung, Badezeug, Sonnenschutz für Bootstour.

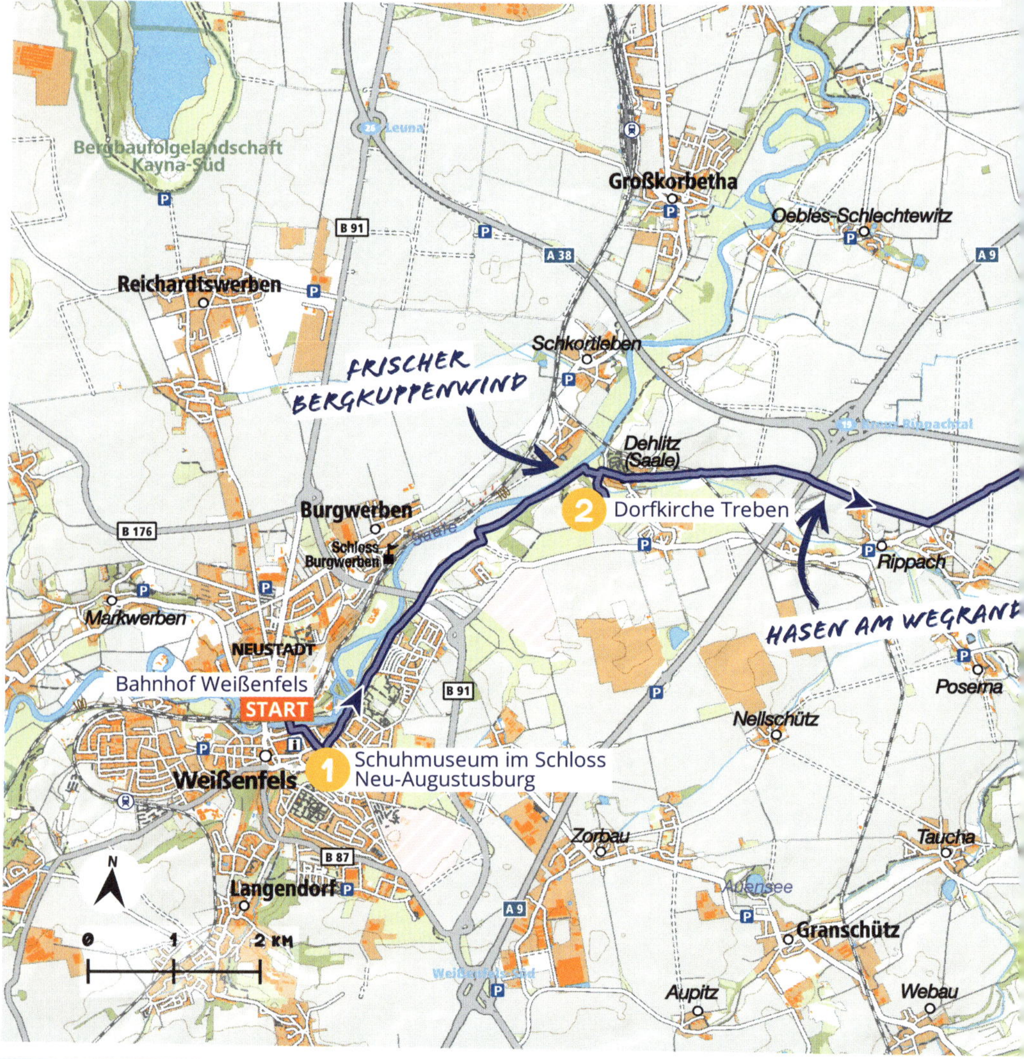

Bergbaufolgelandschaft Kayna-Süd
Leuna
Großkorbetha
Oebles-Schlechtewitz
B 91
A 38
A 9
Reichardtswerben
Schkortleben
FRISCHER BERGKUPPENWIND
Dehlitz (Saale)
2 Dorfkirche Treben
Burgwerben
Saale
Schloss Burgwerben
B 176
Rippach
Markwerben
HASEN AM WEGRAND
NEUSTADT
Bahnhof Weißenfels
START
B 91
Posema
Nellschütz
1 Schuhmuseum im Schloss Neu-Augustusburg
Weißenfels
Zorbau
Taucha
B 87
Langendorf
Auensee
A 9
Granschütz
0 1 2 KM
Aupitz
Webau

"Ab ans Ufer" am Kulkwitzer See
6
Bahnhof Markranstädt ZIEL
Markranstädt
Kulkwitzer See
Naturschutzgebiet Kulkwitzer Lachen
5
4
Tierpark Lützen
EISZEIT
Lützen
Eiscafé Eisbär
3
Nietzsche-Gedenkstätte
RENNRAD-STRECKE
Kötzschau
Schloss Altranstädt
ALTRANSTÄDT
GROSSLEHNA
KLEINLEHNA
Thalschütz
Nempitz
GRÜNAU-NORD
Lausen
QUESITZ
GÖHRENZ
KULKWITZ
ALBERSDORF
DÖHLEN
THRONITZ
SEEBENISCH
Hunnenschanze
SCHKÖLEN
RÄPITZ
SCHKEITBAR
Zöllschen
Meuchen
MEYHEN
Die Höhe 140
Knautnaundorf
Großschkorlopp
Kleinschkorlopp
Kaja
Eisdorf
Elsterfloßgraben
Kitzen
Zitzschen
Kölzen
Starsiedel
Großgörschen
Löben
Sittel
Scheidens
Peißen
Seegel
Großdalzig
Tellschütz
Muschwitz
Herrenhaus Göthewitz
Monarchenhügel 174
Werben
Werbener See
Tornau
Wuschlaub
Maschwitz
Großstorkwitz
Sachsen-Anhalt
Sachsen
Weiße Elster
A 9
A 38
B 186
B 87

DIE RADELPAUSEN

»START
Bahnhof Zwenkau-Großdalzig

KM 2,2
1 Zitzschener Bucht
Wo alles begann

KM 7,2
2 Staustufe Hartmannsdorf
Das Rauschen des künstlichen Wasserfalls

KM 11,8
3 Aussichtsturm Bistumshöhe
Weitblick und Leckereien

15

AN EINSAMEN UFERN

Im alten Tagebaugebiet rund um den Zwenkauer See

Der Zwenkauer See zeigt, wie schnell sich eine Region wandeln kann. Gerade noch gruben turmhohe Bagger einen riesigen Krater in die Erde, schon radeln Menschen auf gut ausgebauten Radwegen entlang der Seepromenade und durch grünende Landschaften.

KM 15,7
4 Cospudener See
Rein ins Wasser!

KM 25,5
5 Tiki Bar und Strandpromenade
Aloha Hawaii!

KM 27,5
6 Trianon Eythra
Der Charme des Ruinösen

KM 32,9 » ZIEL
Bahnhof Zwenkau-Großdalzig

WO EINST DIE BERGLEUTE SCHUFTETEN …

… erstreckt sich heute der größte See im Leipziger Neuseenland. Noch bis 1999 gruben sich die Schaufelradbagger im Tagebau Zwenkau tief in die Erde hinein. Heute ist der Zwenkauer See mit seinem glasklaren Wasser ein Eldorado für Tiere – und Menschen. Noch ist er kaum bebaut, viele Areale sind abgesperrt, doch es tut sich was. Der Radweg wurde an vielen Stellen großzügig asphaltiert, nur im Norden und Westen gibt es noch Kies.

Wie es hier einst aussah, zeigen Tafeln am Parkplatz der **Zitzschener Bucht**. Wer den Tag mit einem Sprung ins kühle Nass starten will, ist hier am richtigen Ort. Danach geht es in Richtung Norden auf den Rundweg um den See. Die Betonelster kündigt sich an der **Staustufe Hartmannsdorf** mit einem donnernden Rauschen an. Die Weiße Elster fällt an der Staustufe einige Meter in ein Tosbecken hinunter und fließt dann nach Leipzig weiter. Nach einem Plausch mit den Anglern am Ufer geht es zunächst zurück Richtung See, bevor der Weg über die Autobahn rüber zum weithin sichtbaren **Aussichtsturm auf der Bistumshöhe** führt. Hoch oben haben Schwindelfreie einen fantastischen Rundumblick. Vom anstrengenden Aufstieg knurrt der Magen? Dann ist es Zeit für eine Pause am Shambala-Imbiss am Fuß des Turms.

DER SCHÖNSTE MOMENT: MORGENS IN DEN MENSCHENLEEREN SEE MIT SEINEM GLASKLAREN WASSER SPRINGEN

Der Rundweg an der Südspitze des **Cospudener Sees** führt kurz vor dem Hafen an einer großen Liegewiese vorbei. Ein Paar hat es sich auf einer Bank gemütlich gemacht, ein Hund tobt im Wasser. Der perfekte Platz für eine Pause. Danach geht es durch ein kleines Wäldchen, über die Autobahn und an weiten Wiesen vorbei zurück zum Zwenkauer See. Die Asphaltpiste, die auch bei Rennradfahrer:innen beliebt ist, führt ruckzuck zum Kap Zwenkau. In der polynesisch dekorierten **Tiki Bar** gegenüber vom Strand kommt das Südseefeeling von ganz allein.

Der krönende Abschluss der Tour ist das **Trianon Eythra**. Drei Säulen, die damals dem Stil des 18. Jahrhunderts entsprechend den Garten des Schlosses Eythra aufhübschen sollten. Es wirkt etwas aus der Zeit gefallen und ist vielleicht gerade deswegen so eine Augenweide. «

Bei Rennradbegeisterten ist die gut ausgebaute Stecke vom Zwenkauer zum Cospudener See beliebt.

Menschenleere Uferstreifen lassen sich am Zwenkauer See (noch) überall finden.

Dank ordentlich Wind und Wellen ist der Zwenkauer See in der Region auch als Segelrevier bekannt.

RADELN & GENIEßEN

START

Bahnhof Zwenkau-Großdalzig

Der Hauptstraße in Richtung Zitzschen folgen. In Zitzschen auf die Kitzner Straße rechts abbiegen. Auf dem Parkplatz direkt am See das Rad abstellen und hinunter ans Wasser laufen.

Seit 2007 wurde der ehemalige Braunkohletagebau Zwenkau geflutet.

KM 2,2

Zitzschener Bucht

Wo alles begann

Infotafeln am Parkplatz beschreiben die Geschichte des Zwenkauer Braunkohletagebaus. Wo einst unvorstellbare 1450 Millionen Kubikmeter Abraum bewegt wurden, segeln heute Boote über das Wasser. Erst im Jahr 2007 hieß es hier »Wasser Marsch!«. Acht Jahre später erreichte der See den Endwasserstand. Noch heute führt ein riesiges Rohr in das glasklare Wasser des Sees. Daneben baden Menschen in der kleinen Bucht, die sanft in den See hinabfällt. Wassersportler:innen auf SUPs gleiten lautlos über das Wasser. An einigen Stellen spenden Büsche und kleine Bäume etwas Schatten. Gastronomie gibt es (noch) keine.

Den beschilderten Rundweg im Uhrzeigersinn befahren. Dem Weg folgen, bis er sich teilt. Links abbiegen, Landstraße überqueren.

Das Rauschen der Staustufe Hartmannsdorf ist weithin zu hören.

Die leckeren Crêpes vom Shambala-Imbiss sind stadtbekannt.

KM 7,2

2 Staustufe Hartmannsdorf

Das Rauschen des künstlichen Wasserfalls

Mit einem wütenden Rauschen und Schäumen fällt das Wasser der Weißen Elster in das Betonbecken. Im Jahr 1973 brauchte der Braunkohletagebau mehr Platz. Der Fluss war im Weg. Also verlegte man ihn kurzerhand in einem Bogen nach Westen. Die Staustufe Hartmannsdorf ist das Ende der »Betonelster«, wie der sieben Kilometer lange Abschnitt von den Einheimischen genannt wird. Die Weiße Elster landet hier in einem Tosbecken und fließt dann unter der Autobahn hindurch nach Leipzig. Auch wenn es der Anblick des Betonkolosses kaum vermuten lässt: Die Weiße Elster ist ein fischreicher Fluss. Am Ufer sitzen daher fast immer Menschen beim Angeln – ihre Eimer voll mit frischem Fisch.

Zurück über die Landstraße und dem Kiesweg in Richtung See folgen. Nach zwei Kilometern an einem Kiesstrand links abbiegen und der Beschilderung zum Cospudener See folgen. Kurz hinter der Autobahnbrücke taucht auf der rechten Seite der Aussichtsturm auf. Ein Schotterweg führt dorthin.

KM 11,8

3 Aussichtsturm Bistumshöhe

Weitblick und Leckereien

Allen Schwindelfreien bietet der 35 Meter hohe Aussichtsturm auf der Bistumshöhe am Westufer des Cospudener Sees einen fantastischen Ausblick. Aber auch für die, die es nur auf halbe Höhe schaffen, lohnt sich der Aufstieg. Die durchbrochene Holzkonstruktion macht auf jeder Ebene einen Blick in alle Richtungen möglich. Mit seiner Schlotbauweise erinnert der Turm an die Schornsteine, die jahrzehntelang die Landschaft im Leipziger Süden geprägt haben. Am Fuß des Turms steht der Imbiss Shambala. Der Wenzer, wie hier alle den Besitzer nennen, bäckt die besten Crêpes des Neuseenlands – von herzhaft bis süß. Auf dem Grill liegen Bratwürste vom Wild und Schwein. Und auch wer nur ein Eis am Stiel schlecken will, ist hier richtig (www.shambala-bistumshoehe.de).

Die Schotterpiste zurückfahren. Zweimal rechts abbiegen, und dann dem Rundweg um den Cospudener See folgen.

Rast mit Ausblick auf den Zöbigker Hafen am Cospudener See.

KM 15,7

4 Cospudener See
Rein ins Wasser!

Bei schönem Wetter ist jetzt der richtige Zeitpunkt für einen zweiten Sprung ins Wasser gekommen. Eine schöne und auch an Sonnentagen nicht so überfüllte Liegewiese liegt direkt am Radweg kurz vor dem Hafen. Enten ziehen hier gemächlich ihre Runden durch das Wasser. Es raschelt im Schilf. Wer nicht gleich reinhüpfen möchte, kann es sich auch auf einer der Bänke gemütlich machen und dem bunten Treiben auf dem See und am Land zuschauen. Auf der anderen Seite des Ufers grasen Esel, Yaks und Kühe auf den Weiden.

Am Pier 1 rechts abbiegen und auf dem Parkplatz gleich wieder rechts in den Wald hineinfahren. Der Beschilderung zum Zwenkauer See und dem Rundweg links in Richtung Wolkenfabrik (also: der Kühltürme des Kraftwerks Lippendorf) folgen.

KM 25,5

5 Tiki Bar und Strandpromenade
Aloha Hawaii!

Mehr Urlaubsfeeling als in der Tiki Bar am Kap ist kaum möglich. In polynesischem Stil mit geschnitzten Ahnenfiguren, Flamingos und Surfbrettern dekoriert, darf sich der Gast mit einer selbstgemachten Zitronenlimonade oder einem Cocktail in der Hand in die Südsee träumen. Die Musik wummert angenehm über die Terrasse. Am dazugehörenden Imbisswagen, dem Tiki Grill, gibt es Burger (auch veggie!) und Pommes. Wer nur einen kleinen Snack will, kann zum kühlen Drink Erdnüsse, Cashewkerne und Studentenfutter bestellen (tiki-am-kap.de). Der Blick fällt auf den Strand, der auf der anderen Straßenseite liegt. Einige Meter weiter liegt der kleine Hafen samt Promenade.

Dem Rundweg auf dem See weiter folgen, bis auf der linken Seite das Trianon Eythra ausgeschildert ist. Durch eine Lindenallee hindurch führt ein schmaler Weg bis zum Trianon.

Aloha-Feeling: Hawaii-Hemden passen wunderbar zur Deko der Tiki Bar.

In der Tiki-Bar werden Südsee-Träume wahr.

EXTRA INFOS:

Hinter der Staustufe Hartmannsdorf führt der Radweg noch einmal ganz nah ans Ufer des Zwenkauer Sees heran, bevor er in Richtung Cossi abbiegt. Am menschenleeren ● **Kiesstrand** segeln die Boote lautlos vorbei – der perfekte Pausenplatz.

KM 32,9 » ZIEL

Bahnhof Zwenkau-Großdalzig

KM 27,5

6 Trianon Eythra

Der Charme des Ruinösen

Durch eine vierreihige Lindenallee gelangt man zur ehemaligen sächsisch-preußischen Grenze. Hinter dem Grenzschild stehen drei Säulen, die an eine römische Tempelruine erinnern und eindeutig fehl am Platz wirken. 1790 ließen das gräfliche Paar Jacob Friedemann und Luise von Werthern, die einstigen Besitzer des Schlosses Eythra, die Porphyrsäulen dem damaligen Zeitgeist entsprechend errichten. Das Schloss und auch das Trianon mussten dem Braunkohletagebau weichen. Es galt zunächst als verschollen, wurde dann aber wiederentdeckt und steht heute an seinem Originalstandort. Die Bänke im Schatten der Bäume sind prima für eine Rast.

Durch die Lindenallee zurück zum Rundweg fahren. Dem Weg links bis zum Parkplatz an der Zitzschener Bucht folgen. Richtung Zitzschen abbiegen und den Weg zum Bahnhof zurückfahren.

Künstliche Tempelruine: Die drei Säulen des Trianon Eythra ragen weit in den Himmel.

AUF EINEN BLICK

- **Start / Ziel:** Bahnhof Zwenkau-Großdalzig
- **Strecke / reine Radelzeit:** 32,9 km (Rundtour), 2 Std. 15
- **Höhenmeter:** ↗30 m; ↘30 m
- **Wegbeschaffenheit:** Asphaltierte Wege, nur an der Nord- und Westseite des Zwenkauer Sees längere Kiesstrecken.
- **Beste Zeit:** Solange Fahrrad- und Badewetter ist.
- **Mitnehmen:** Badezeug, Hawaii-Hemd für den perfekten Auftritt in der Tiki-Bar.

Cospudener See
Hartmannsdorf
ZÖBIGKER
Cospudener See 4
GROSSSTÄDTELN
KLEINSTÄDTELN
Neue Harth
Aussichtsturm Bistumshöhe 3
Prödeler Teiche
NSG
GASCHWITZ
A 38
ES MUHT UND MÄHT
NSG
Kiesstrand
DER WALD ALS SCHATTEN-SPENDER
Großdeuben
Neue Harth
Alte Harth
Zwenkauer Hafen
Tiki Bar und Strandpromenade 5
6 Trianon Eythra
Eichholz
Elsteraue bei Zwenkau
B 2
Zwenkau
Rathaus Zwenkau
KOTZSCHBAR
Tiefe Wiese
NSG
Restloch 13
IMNITZ
Brabak-Lache
NSG

DIE RADELPAUSEN

» START
Bahnhof Großbothen

KM 3
1 Rittergut Kössern
Ein Anwesen für alle

KM 8,6
2 Klosterruine Nimbschen
Zwischen uralten Mauern wandeln

KM 10,9
3 Imbiss an der Hängebrücke Grimma
Traumhafte Aussichten und Softe

16 SCHLÖSSER, KLÖSTER, RITTERGÜTER

Zwischen Großbothen, Grimma und Wurzen

Wer alte Gemäuer und ihre Geschichten liebt, ist auf den Radwegen in der Region rund um Grimma und Wurzen am richtigen Ort – und bekommt neben jeder Menge Historie auch sagenhafte Ausblicke auf die Mulde und ihre Auen geboten.

KM 15,6

4 Schlosshof Döben
Aus dem Dornröschenschlaf geweckt

KM 23,7

5 Schloss und Rittergut Trebsen
In einem Meer aus Seerosen

KM 35,1

6 Schloss Wurzen
Noch mehr Ritterfeeling

KM 36 » ZIEL
Bahnhof Wurzen

DIE FAST VERGESSENEN ZEITEN …

… der prächtigen Burgen, romantischen Schlossgärten und herrschaftlichen Rittergüter erleben in Sachsen eine Renaissance. Seit der Wende wurden zahlreiche verfallene Anwesen saniert und der Öffentlichkeit zugänglich gemacht. Wer am Bahnhof in Großbothen ankommt, mag das kaum glauben. Das mit Sperrholzplatten verrammelte Empfangsgebäude aber hat seine besten Tage längst hinter sich. Doch schon wenige Radelminuten entfernt, auf der anderen Seite der Mulde, kommt das große Staunen. Das liebevoll restaurierte **Rittergut Kössern** lässt den Anblick des Bahnhofs schnell vergessen. Danach führt der Weg am Schaddelgraben entlang durch die Porphyrlandschaft mit ihren markanten dunkelrotbraunen Bruchstufen und Felsklippen.

DER SCHÖNSTE MOMENT: AUF EINER BANK AM GARTENPAVILLON VON SCHLOSS DÖBEN SITZEND DEN BLICK DURCH DAS MULDENTAL SCHWEIFEN LASSEN

Und dann ist sie wieder da, die Mulde – und begleitet einen auf dem Weg nach Wurzen. Kurz hinter der Fährstation steht die **Klosterruine Nimbschen,** die steinernen und im Licht der Sonne ziemlich stimmungsvollen Überreste des Zisterzienserklosters St. Marienthron. Einige Kilometer weiter führt der Radweg über eine 80 Meter lange **Hängebrücke** ans andere Flussufer – mit schönsten Ausblicken auf die Grimmaer Stadtsilhouette und das Alte Schloss am Muldeufer.

Wer von weit oben auf die Mulde blicken will, muss bald kräftig in die Pedale treten. Der Garten des **Schlosshofs Döben** liegt auf einem Felsvorsprung über dem Muldental. Umso schöner ist es, wenn man sich danach einfach runterrollen lassen kann und an der Mulde entlang bis nach **Trebsen** fährt. Dort stehen **Schloss und Rittergut** direkt nebeneinander, getrennt von einem Schlossgraben mit Hunderten Seerosen.

Ein letzter Prachtbau will auf dieser Tour noch besucht werden: **Schloss Wurzen** mit seinen beiden mächtigen Türmen und atmosphärischem Innenhof. Wer mag, kann auch gleich eine Nacht hier bleiben. «

Ein Kleinod im Muldental: Rittergut Kössern.

START

Bahnhof Großbothen

Hinter dem Bahnsteig die Straße entlangradeln, rechts abbiegen und hinter dem Supermarkt erneut rechts abbiegen. Am Supermarkt-Schild rechts auf die kleine Schotterpiste fahren. Am Tunnel links halten, über die Muldenbrücke fahren und in Kössern rechts dem Weg Am Parkberg hinauf folgen.

KM 3

1 Rittergut Kössern

Ein Anwesen für alle

r Garten des Ritterguts wurde ch historischem Vorbild derhergestellt.

Die Hofeinfahrt am Parkberg verrät nichts darüber, wie prächtig das liebevoll restaurierte Gebäudeensemble aus Herrenhaus, Kuhstall und Scheunengebäuden dahinter ist. Das Rittergut ist ein offener, frei zugänglicher Ort, der Gäste freundlich begrüßt und großartige Blicke in die Muldenaue gewährt. Überall auf dem Gelände stehen Bänke und Sonnenstühle für kleine Pausen bereit. Katzen liegen träge unter einem alten Kastanienbaum. Der hauseigene Hofladen mit regionalen Muldental-Produkten hat von Anfang April bis Ende November jedes Wochenende geöffnet – genau wie das Café mit Freisitz im Innenhof. Für Elektrofahrräder gibt es drei Ladepunkte im Innenhof (www.rittergut.org).

Den Weg bis zum Tunnel zurückfahren. Rechts auf den Muldentalradwanderweg in Richtung Grimma abbiegen. Kurz hinter dem Fähranleger links den Schildern zur Klosterruine folgen.

KM 8,6

2 Klosterruine Nimbschen
Zwischen uralten Mauern wandeln

Die steinernen Überreste des Zisterzienserklosters St. Marienthron, in dem einst Katharina von Bora – Martin Luthers spätere Ehefrau – lebte, stehen inmitten von alten Buchen und Eichen. Auf drei Seiten ragen die Gemäuer des 1243 erbauten Klosters noch gen Himmel, dazwischen wächst saftig grünes Gras. Die Sonne wirft ihre Strahlen durch die leeren Fensterhöhlungen und durchbrochenen Wände. Wie viel größer das Kloster einst war, lässt sich auf einer Schautafel am Eingang sehen. Das Gelände ist frei zugänglich und darf erkundet werden.

Auf den Muldentalradwanderweg zurückfahren. Links abbiegen. An der B 107 die Seite wechseln. Den Berg hinauffahren und kurz hinter der Spitze rechts zur Hängebrücke hinunterrollen lassen.

KM 10,9

3 Imbiss an der Hängebrücke Grimma
Traumhafte Aussichten und Softeis

Ob Boulette, Bockwurst oder Backfischbrötchen: In dem kleinen gelben Imbisshäuschen mit roten Dachziegeln werden knurrende Mägen schnell gezähmt (es ist aber nur am Wochenende geöffnet). Auch fünf verschiedene Sorten Softeis hat das Brückenhäuschen im Angebot. Es ist also Zeit für eine Pause. Und der Ort dafür ist spektakulär: Das Häuschen liegt direkt am Aufgang zur 80 Meter langen Hängebrücke, unter der die Mulde hinwegrauscht. Die Aussicht auf die Flusslandschaft und die Stadt Grimma ist so schön, da lässt man sich beim Schlemmen gern besonders viel Zeit, damit die Pause etwas länger dauert.

Über die Hängebrücke fahren und links auf den Naturlehrpfad abbiegen. Dem ausgeschilderten Muldentalbahnradweg bis zum Abzweig nach Nerchau folgen. Auf der Nerchauer Landstraße bis zur Schlossstraße fahren. Dort der Beschilderung zum Schloss folgen.

Einblicke in die imposanten Reste des Klosters Nimbschen.

Die Hängebrücke verbindet das Stadtgebiet Grimmas mit dem Stadtpark.

4

Schlosshof Döben

Aus dem Dornröschenschlaf geweckt

Wer weite Blicke liebt und den Lauf der Mulde mal aus der Vogelperspektive sehen möchte, sollte den (wirklich steilen!) Weg bergauf bis zum Schlosshof Döben auf sich nehmen. Ein Schloss sucht man allerdings vergeblich. Der historische Bau war so stark beschädigt, dass er 1971 aus Sicherheitsgründen gesprengt wurde. Umso erstaunlicher ist, was aus dem Ruinenhof mit seinen Schuttbergen nach der Wende entstanden ist. Erste Gebäude sind längst vollständig saniert. Besonders schön ist das Gelände rund um den Gartenpavillon. Er liegt direkt an der Kante des Bergsporns, hoch über der Mulde. Rosen säumen den Weg dorthin.

Den Weg zurück zur Landstraße hinunterrollen lassen. Rechts abbiegen und nach einigen Hundert Metern auf den Muldentalbahnradweg zurückkehren. In Neichen den beschilderten Radweg nach Trebsen, über die Mulde und später zum Schloss folgen.

Seine Ursprünge hat der Schlosshof Döben im 10. Jahrhundert.

Der seerosenbewachsene Schlossgraben trennt Schloss Trebsen vom Rittergut.

KM 23,7

5 Schloss und Rittergut Trebsen

In einem Meer aus Seerosen

Im Bergelager des Ritterguts können historische Baustoffe erworben werden.

Im Hof des Ritterguts kann man allerhand Wissenswertes über geologische und handwerkliche Themen lernen: Wie das Bauen mit Lehm funktioniert, welche Gewölbeformen in den vergangenen Jahrhunderten angesagt waren und wie sich der Putz an den Wänden mit der Zeit verändert hat. Das benachbarte Schloss ist hingegen vor allem eins: wunderschön anzusehen. Wer auf das Schloss zugeht, sollte links den kleinen Kieselpfad hinunterlaufen. Im Schlossgraben wachsen unzählige Seerosen, die das Schlosspanorama perfekt machen. Das Schlossrestaurant mit Freisitz ist leider nur sonntags (11 bis 18 Uhr) geöffnet.

Wieder zurück auf die andere Seite der Mulde. Dort dem Straßenverlauf folgen, bis er den Muldentalbahnradweg kreuzt. Links auf den Radweg abbiegen. An Oelschütz vorbei bis nach Dehnitz fahren. Dem Dehnitzer Weg folgen, am Ende links abbiegen und unter der Eisenbahnbrücke hindurchfahren. Dahinter rechts in die Stephanstraße einbiegen und vor dem Friedhof links abbiegen. Ab hier ist das Schloss ausgeschildert.

KM 35,1

Schloss Wurzen

Noch mehr Ritterfeeling

Zwei mächtige Türme, ein tiefer Wallgraben und eine Kanone im Garten: Das Ende des 15. Jahrhunderts erbaute Schloss Wurzen am Westrand der Altstadt ist ein echtes Vorzeigeschloss. Sogar eine mittelalterliche Zugbrücke gibt es! Und ein täglich geöffnetes Restaurant, wo fürstlich gekocht wird – von hausgemachten Piroggen über Wiener Schnitzel bis zum Pulled-Pork-Burger. Wer die Rückreise erst am nächsten Tag antreten will, kann in den altehrwürdigen Mauern auch übernachten (www.schloss-wurzen.de).

Links in die Domgasse und dann am Marktplatz rechts abbiegen. Der Bahnhofsstraße bis zum Bahnhof folgen.

EXTRA INFOS:

Kurz hinter Oelschütz führt links ein Weg durch ein altes Gehöft hindurch zum ● **Loreley Aussichtsfelsen** mit unvergesslichen Blick über die Mulde.

Wer will, kann mit der handbetriebenen Seilfähre einen Abstecher zur ● **Wassermühle Höfgen** machen. Zum Rufen des Fährmanns einfach die Glocke läuten. Montag und Dienstag sind Ruhetage.

Stilvoll schlafen im alten Klostergut: In den aufwendig sanierten Stallungen und Speicheranlagen werden mittlerweile die Gäste des ● **Hotels Kloster Nimbschen** begrüßt (www.kloster-nimbschen.de).

KM 36 » ZIEL

Bahnhof Wurzen

Am Westrand der Wurzner Altstadt liegt das Schloss mit seinen zwei Türmen.

AUF EINEN BLICK

- » **Start:** Bahnhof Großbothen
- » **Ziel:** Bahnhof Wurzen
- » **Strecke / reine Radelzeit:** 36 km (Streckentour), 2 Std. 30
- » **Höhenmeter:** ↗28 m; ↘50 m
- » **Wegbeschaffenheit:** Wald- und Kieswege wechseln sich mit asphaltierten Strecken ab.
- » **Beste Zeit:** Von April bis in den Herbst hinein
- » **Mitnehmen:** Schlossliebhaber? Fotoapparat nicht vergessen!

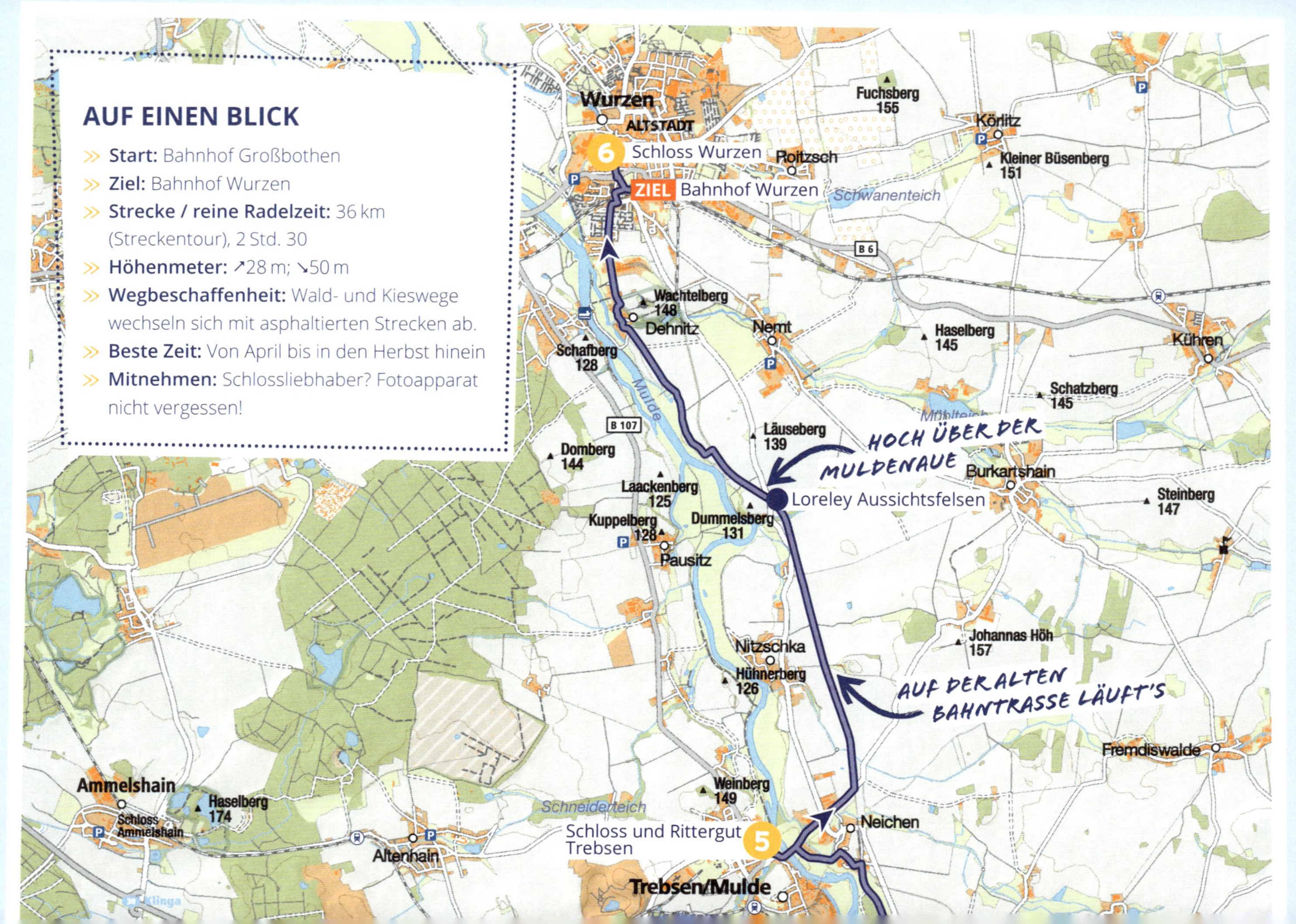

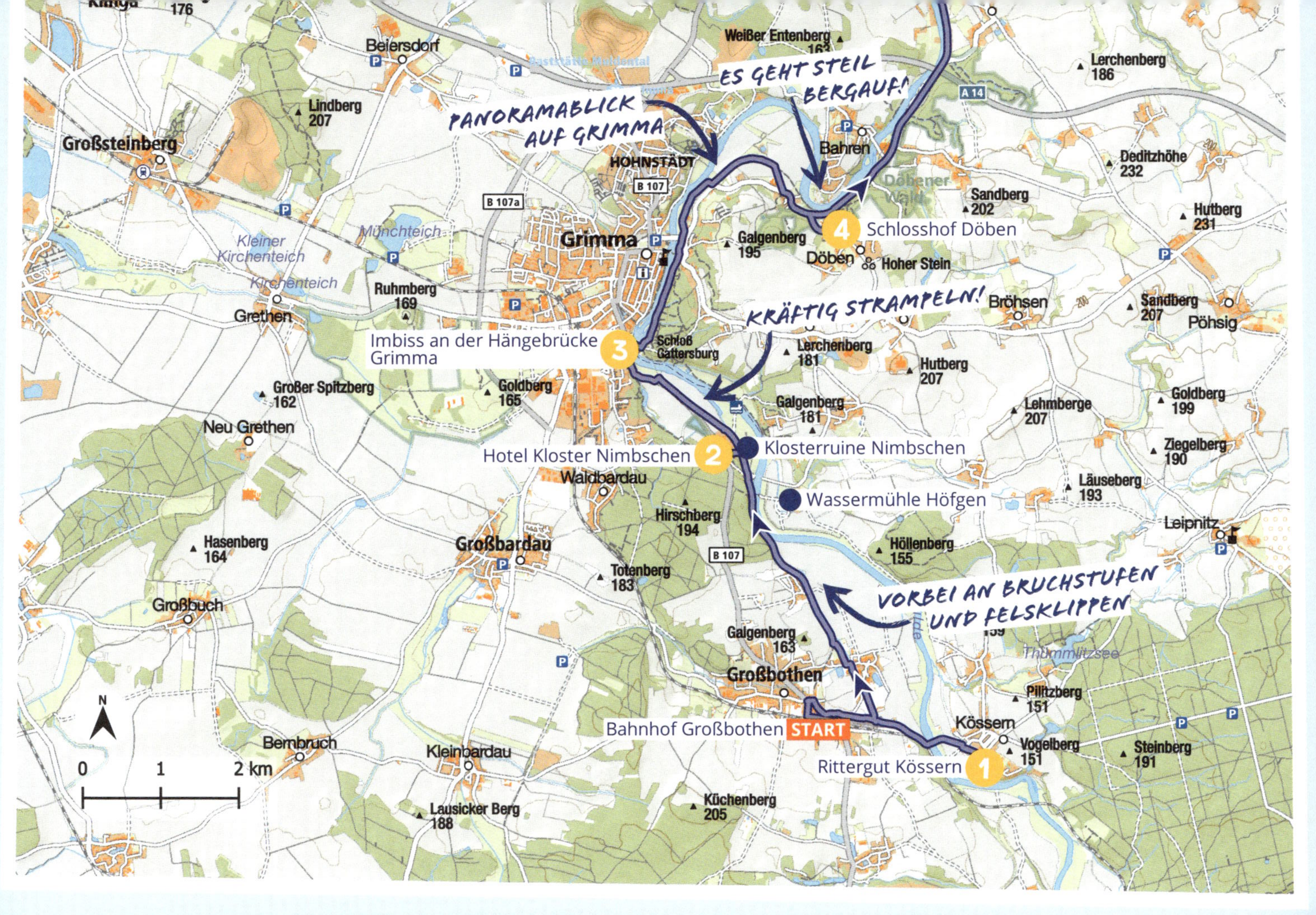

START
Bahnhof Großbothen
1 Rittergut Kössern
2 Hotel Kloster Nimbschen
Klosterruine Nimbschen
Wassermühle Höfgen
3 Imbiss an der Hängebrücke Grimma
4 Schlosshof Döben
VORBEI AN BRUCHSTUFEN UND FELSKLIPPEN
KRÄFTIG STRAMPELN!
PANORAMABLICK AUF GRIMMA
ES GEHT STEIL BERGAUF!
Grimma
HOHNSTÄDT
Großbothen
Großbardau
Waldbardau
Kleinbardau
Großsteinberg
Beiersdorf
Grethen
Neu Grethen
Großbuch
Bernbruch
Kössern
Döben
Bahren
Bröhsen
Pöhsig
Leipnitz
Schloß Gattersburg
Hoher Stein
Döbener Wald
Thümmlitzsee
Münchteich
Kleiner Kirchenteich
Kirchenteich
B 107
B 107a
A 14
Lindberg 207
Ruhmberg 169
Großer Spitzberg 162
Goldberg 165
Hasenberg 164
Totenberg 183
Hirschberg 194
Galgenberg 163
Küchenberg 205
Lausicker Berg 188
Galgenberg 195
Galgenberg 181
Lerchenberg 181
Hutberg 207
Weißer Entenberg 163
Lerchenberg 186
Deditzhöhe 232
Sandberg 202
Hutberg 231
Sandberg 207
Lehmberge 207
Goldberg 199
Ziegelberg 190
Läuseberg 193
Höllenberg 155
Pilitzberg 151
Vogelberg 151
Steinberg 191
0 1 2 km
N

DIE RADELPAUSEN

» START
Bahnhof Lobstädt

KM 2,3
1 Helene-Platz in Großzössen
Platz der verlorenen Orte

KM 16,3
2 Halde Trages
160 Stufen zum Traumblick

KM 23,5
3 Strandbad Hainer See
Pommes mit Seeblick

17 STRÄNDE WIE SAND AM MEER

Entlang des Hainer-See-Radwegs

Das Motto der Tour: Erst die Arbeit, dann das Vergnügen. Der Weg hoch zur Halde Trages ist ohne Frage anstrengend, aber es lohnt sich: Vom Aussichtsturm fasziniert der Blick bis ins Erzgebirge. Und danach? Ab an den Strand!

KM 26,3

4 Landbrücke
Zwischen Seen radeln

KM 27,9

5 Lagune Kahnsdorf
Urlaubsluft schnuppern

KM 28,7

6 Schillerhaus
Auf den Spuren des großen Dichters

KM 35,2 » ZIEL
Bahnhof Lobstädt

VORFREUDE IST DIE SCHÖNSTE FREUDE

Wer oben auf dem Aussichtsturm der Halde Trages steht, sieht bereits, welche Traumziele auf ihn warten. Haubitzer, Hainer und Kahnsdorfer See liegen der Halde im Westen zu Füßen. Geflutete Tagebaulöcher, die heute mit Stränden, Beachbars und viel Natur locken.

Los geht es am kleinen Bahnhof in Lobstädt. Auf dem zwei Kilometer entfernten **Helene-Platz** in Großzössen erklären Tafeln, wie die Seen entstanden sind und was Jahrzehnte zuvor an gleicher Stelle für den Tagebau aufgegeben werden musste. Dann geht es hinein in die Natur. Felder, ein kleiner Wald, und dann ist er da: der Hainer See. Viel los ist auf dieser Seite des Sees nicht. Nur die Greifvögel am Himmel sind ständige Begleiter. An der Südostspitze des Haubitzer Sees zeigt sich der erste Strand des Tages. Doch die **Halde Trages** ruft. Auf ruhigen Landstraßen geht es weiter bis nach Thierbach und dann hoch auf die Halde. Eine kurze Wanderung, schon lugt der Aussichtsturm über den Baumspitzen hervor. Der Ausblick von oben ist – ohne Übertreibung – der schönste in der Region.

DER SCHÖNSTE MOMENT: IN DER TRAUMKULISSE DER LANDBRÜCKE DEN WIND DURCH DIE HAARE WEHEN LASSEN

Dann geht es über geschotterte Wege den Hügel hinab. Hinter dem Autobahntunnel kommt endlich wieder der Hainer See in Sicht. Statt der kleinen überwucherten Trampelpfade lieber den Weg oberhalb des Sees entlangradeln, bis der Strandweg zum See runterführt. Im **Strandbad** gibt es alles, was müdegeradelte Beine brauchen. Liegestühle, feinen Sand unter den Füßen und Energie, also hier: klassische Imbiss-Snacks. Mit neuer Kraft geht es den kleinen Hügel wieder hinauf, um oberhalb des Seeufers die Traumaussicht zu genießen. Die Landbrücke zwischen dem Hainer und dem Kahnsdorfer See mit ihren lang gezogenen Stränden – Postkartenpanorama pur!

In der kleinen Marina der **Lagune Kahnsdorf** geht es etwas lebhafter zu als am Rest des Sees. Pittoreske Bootshäuser schmücken die Lagune mit ihren zwei kleinen Inseln – ein Anblick wie im Schwedenurlaub. Bis zum **Schillerhaus** ist es nur ein kurzer Fußweg, der am Ende durch den im englischen Stil angelegten Gutspark führt. Danach führt der Weg ein letztes Mal ganz nah ans Ufer heran, bevor es über Großzössen wieder zurück zum Bahnhof geht. «

Klaus, der Baum, grüßt auf dem Weg hoch zum 33 Meter hohen Aussichtsturm der Halde Trages.

Auf den original erhaltenen Holzdielen von 1686 liefen bereits Friedrich Schiller und Felix Mendelssohn Bartholdy.

Der Haubitzer See ist wie der benachbarte Hainer See aus dem Braunkohletagebau hervorgegangen.

RADELN & GENIEßEN

Strandbad Hainer See: Heiße Snacks im Schatten genießen.

START
Bahnhof Lobstädt

Rechtsrum, die Gleise überqueren und rechts abbiegen. Dann gleich wieder links fahren und der Ausschilderung nach Großzössen folgen. Der Gedenkort Helene-Platz liegt gegenüber der Bäckerei Bodenlos.

KM 2,3

1 **Helene-Platz in Großzössen**

Platz der verlorenen Orte

In Großzössen erinnern gravierte Metalltafeln an die abgebaggerten Orte.

Sieben gravierte Metalltafeln an hohen Steinkörben erinnern an die abgebaggerten Dörfer Trachenau, Treppendorf, Witznitz, Kleinzössen, Hain, Kreudnitz und Teile von Neukieritzsch – und an die Menschen, die damals ihre Heimat verloren haben. Sie alle mussten dem Tagebau Witznitz I und II weichen. In einem Holzpavillon sind weitere Tafeln angebracht, die die Geschichte der Orte samt Bildern dokumentieren. Das ist ziemlich eindrücklich, weil sie belebte Orte samt Kirchen und Mühlen zeigen, die einfach abgebaggert wurden. Wer wenige Radelminuten vom Helene-Platz in Großzössen entfernt mit den Bildern im Kopf auf den Hainer See blickt, sieht ihn aus einer ganz anderen Perspektive.

Weiter auf der Lobstädter Straße bis zum Parkplatz fahren und den Weg zum See einschlagen. Dem Radweg rechts bis zur Südostspitze des Haubitzer Sees folgen. Wenn der Weg ans Ufer hinunterführt, geradeaus weiterfahren. An der Brücke links abbiegen. Durch Eula und Brausswig bis nach Thierbach fahren und der Landstraße folgen. Auf der linken Seite ist der Erzgebirgsblick ausgeschildert. Das Fahrrad auf halber Höhe des Hügels an der Treppe abstellen. Restlichen Weg laufen.

KM 16,3

2

Halde Trages

160 Stufen zum Traumblick

Der künstlich aufgeschüttete Hügel ist beim Aufschluss des Tagebaus Espenhain entstanden. Die Hochhalde – einst vegetationslos – ist heute das Zuhause zahlreicher Tiere und Pflanzen. Die kleine Wanderung auf die Spitze der Halde Trages dauert mal gerade 15 Minuten und hält gleich mehrere beeindruckende Aussichtspunkte bereit. An einem können Wanderer auf das Gelände des 1999 stillgelegten Kraftwerks Thierbach blicken. Die vier Kühltürme, der 300 Meter hohe Schornstein und auch das Kesselhaus wurden längst gesprengt. Zurückgeblieben sind vor allem grüne Wiesen und ein unverstellter Blick bis zum Horizont. Nach einer kurzen Pause geht es weiter hoch zum Aussichtsturm, der sich 33 Meter in den Himmel windet. Der Blick ist atemberaubend und reicht weit über die Region hinaus bis ins Erzgebirge.

Den Weg zurücklaufen und der Beschilderung nach Espenhain folgen. Am Fuß der Halde durch das Gewerbegebiet fahren. Auf die Hauptstraße einbiegen und die B 95 überqueren. Kurz hinter der Kreuzung in den Galgenweg fahren. Links auf den Hainweg abbiegen und der Beschilderung zum Wake-Beach folgen.

KM 23,5

3

Strandbad Hainer See

Pommes mit Seeblick

Läuft man unter dem Schild »Herzlich Willkommen im Strandbad Hainer See« hindurch, fühlt man sich direkt wie im Urlaub: Sonnenliegen unter großen Zelten, Surfbretter, eine bunte Softeismaschine und daneben ein kleiner Imbiss. Es riecht nach Pommes, Bratwurst und frischer Seeluft. Zeit für eine ausgiebige Pause mit Blick auf den Hainer See. Wer den Abhang zum See runterläuft, kommt an einen Strand mit feinstem Sand. Wie wäre es mit einem Volleyball-Match, einer Runde Stand-Up-Paddling oder einem Kitesurfen-Schnupperkurs?

Den Abhang wieder hochfahren und dem Rundweg bis zur Landstraße folgen. Links abbiegen und am Parkplatz gleich wieder (scharf) links abbiegen. Hier geht der Rundweg weiter.

Wer die 160 Stufen erklimmt, hat einen unverbauten 360-Grad-Rundblick auf das Neuseenland.

Der Strand in Kahnsdorf lockt mit feinem Sand und glasklarem Wasser.

KM 27,9

5

Lagune Kahnsdorf

Urlaubsluft schnuppern

Wie ein Naturhafen erstreckt sich die Lagune mit ihren zwei Inseln entlang des kleinen Örtchens Kahnsdorf. Die bunten Bootshäuser stehen wie gemalt am See. Gleich hinter dem Ortseingang von Kahnsdorf liegt der Strand. Trotz seines feinen Sands und der Badeinsel ist er selbst im Hochsommer nicht überfüllt. Wer ein Eis schlecken will, muss nur einige Meter laufen. Da liegt auch schon der kleine Hafen. Von den Terrassen der Restaurants blickt man auf die Marina und den See.

Nur wenige Meter hinter dem Hafen ist das Schillerhaus bereits ausgeschildert.

4

Landbrücke

Zwischen Seen radeln

Schon vom Radweg oberhalb der Küste ist der Anblick der Landbrücke eine Augenweide: Am Westufer des Hainer Sees reihen sich weiße Strände wie an einer Perlenkette aneinander, dahinter erstreckt sich der naturbelassene und ruhigere Kahnsdorfer See mit der Wolkenfabrik im Rücken. Unten weht der Wind angenehm zwischen den Seen. Einsame Badeplätze gibt es genug. Das Wasser schimmert türkisfarben und ist glasklar. Imbiss, Eiscafé oder Toilette gibt es hier allerdings nicht, dafür muss man noch ein paar Minuten bis nach Kahnsdorf weiterradeln.

Dem Rundweg weiter folgen.

Kahnsdorfer Marina: Fahrrad abstellen und den Ausblick genießen.

Eine Büste im Fenster des Schillerhauses erinnert an den großen Dichter.

EXTRA INFOS:

Für alle begeisterten Camper:innen und Wohnmobilfans ist der ● **Camping Hain** eine Traumadresse. Auf Terrassen am Hang angelegt, liegt der See allen Frischluftverliebten zu Füßen.

KM 35,2 » ZIEL

Bahnhof Lobstädt

KM 28,7

6 Schillerhaus

Auf den Spuren des großen Dichters

»Wem der große Wurf gelungen, eines Freundes Freund zu sein …!« Sein Aufenthalt auf Gut Kahnsdorf soll Friedrich Schiller einst zum Schreiben dieser berühmten Worte aus der »Ode an die Freude« bewogen haben. Die meisten Menschen, die das Gut besuchen, gucken wohl zuerst auf das prächtige Herrenhaus. Das stand allerdings beim Besuch des berühmten deutschen Dichters noch gar nicht. Es ist das gelb gestrichene Haus daneben, in dem Schiller einst weilte. Am Haus erinnert eine Glastafel an seinen Besuch. Die antiken Holzdielen von 1686, auf denen bereits Friedrich Schiller und Felix Mendelssohn Bartholdy liefen, knarzen heute noch so schön wie wahrscheinlich damals schon.

Zurück auf den Rundweg, durch ein Wäldchen hindurch am See entlang, bis rechts ein Weg über ein Feld abgeht. Dem Weg, der morgens zum See geführt hat, zurück zum Bahnhof folgen.

Hier fühlte sich schon Schiller wohl.

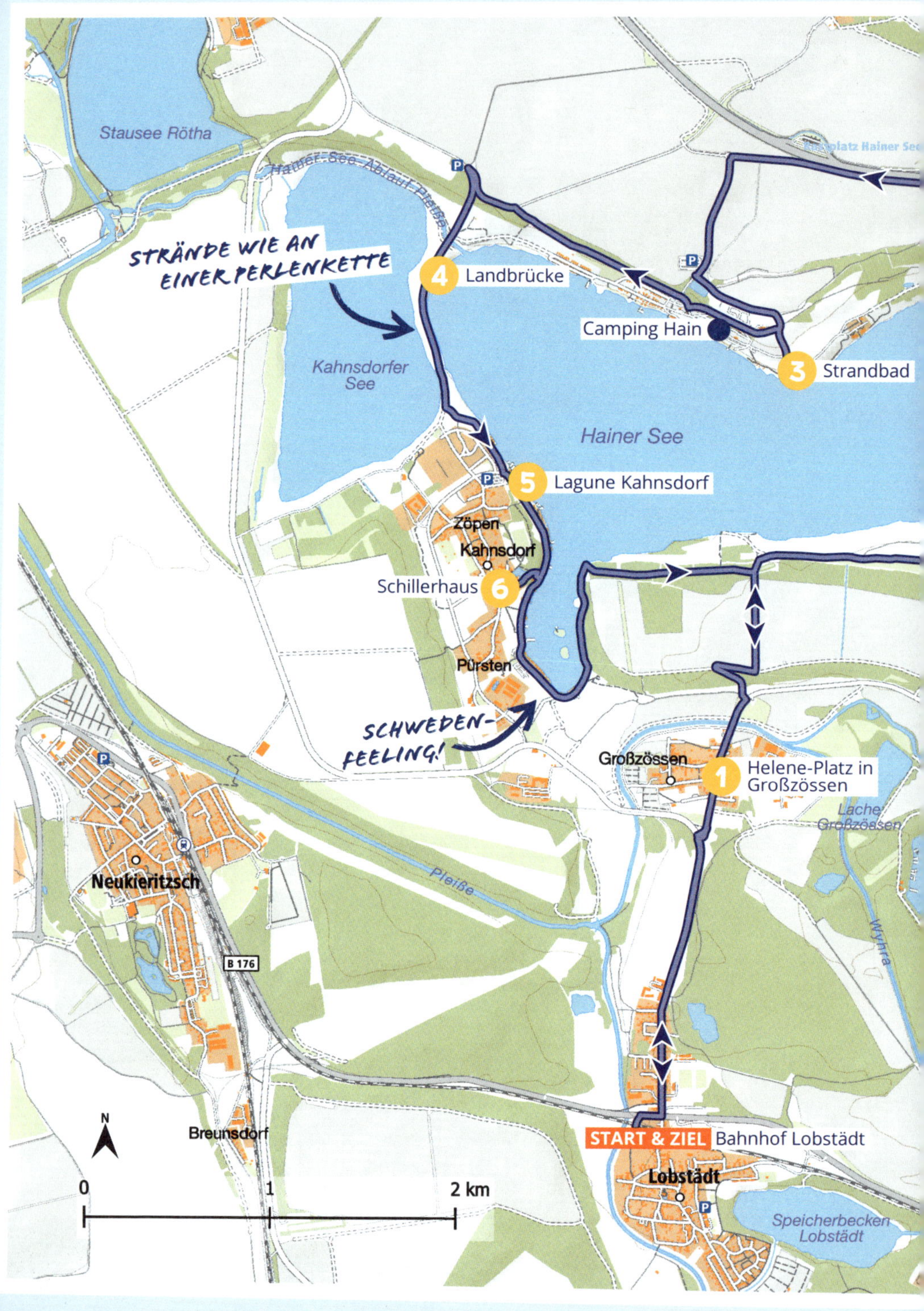
Stausee Rötha
Hainer-See-Ablauf Pleiße
STRÄNDE WIE AN EINER PERLENKETTE
4 Landbrücke
Camping Hain
3 Strandbad
Kahnsdorfer See
Hainer See
5 Lagune Kahnsdorf
Zöpen
Kahnsdorf
Schillerhaus 6
Pürsten
SCHWEDEN-FEELING!
Großzössen
1 Helene-Platz in Großzössen
Lache Großzössen
Neukieritzsch
Pleiße
Wyhra
B 176
Breunsdorf
START & ZIEL Bahnhof Lobstädt
Lobstädt
Speicherbecken Lobstädt
N
0
1
2 km

AUF EINEN BLICK

» **Start / Ziel:** Bahnhof Lobstädt
» **Strecke / reine Radelzeit:** 35,2 km (Rundtour), 2 Std. 30 plus 30 Min. Wanderung
» **Höhenmeter:** ↗74 m; ↘74 m
» **Wegbeschaffenheit:** Asphaltierte Radwege, ruhige Landstraßen und Kiesstrecken wechseln sich ab.
» **Beste Zeit:** Von Mai bis Ende September
» **Mitnehmen:** Badesachen, Volleyball, ggf. Campingutensilien.

DIE RADELPAUSEN

» START
Bahnhof Profen

KM 0,4
1 Froschkönig – die Marmeladenmacher
Im Schlemmerhimmel

KM 8,2
2 Wiprechtsburg
Ruine mit Weinberg

KM 9,6
3 Abenteuergolfpark Groitzsch
18 Löcher bis zum Sieg

18

RUND UM DIE WOLKEN-FABRIK

Von Profen über Rötha bis nach Connewitz

Abwechslungsreich! Im Schatten der weißen Wolken, die aus den Kühltürmen des Kraftwerks Lippendorf dampfen, liegt Altes und Neues ganz nah beieinander: Marmeladenmanufaktur und Burgruine, Tagebau und Vogelparadies.

KM 25,6

4 Tagebau Vereinigtes Schleenhain

Stahlkolosse bei der Arbeit

KM 32,1

5 Stausee Rötha

Ein Vogelparadies

KM 34

6 Schlosspark Rötha

Wo sich die Trauerweiden spiegeln

KM 48 » ZIEL

S-Bahnhof Leipzig Connewitz

REGION IM WANDEL

Nichts hat das Gesicht des Leipziger Umlands so stark geprägt wie der Tagebau. Im Süden Leipzigs graben sich Schaufelradbagger noch immer tief in die Erde. Aus den Kühltürmen des mit Braunkohle befeuerten Dampfkraftwerks Lippendorf kommen unablässig weiße Wolken. Doch neben der Wolkenfabrik, am Rand des Tagebaus lassen Menschen Neues entstehen und fördern alte Schätze wieder zutage.

Gleich hinter dem Bahnhof in Profen grüßt ein lachender **Froschkönig** mit einem Marmeladenglas in der Hand Ankommende am Zaun. Ein Besuch in der Marmeladenmanufaktur mit angeschlossener Bäckerei, Konditorei und einem Café ist ein nahrhafter Auftakt für diese Tour. Mit frisch gebackenem Proviant in der Tasche startet es sich umso flotter über ruhige Dorfstraßen und asphaltierte Radwege zur Ruine der **Wiprechtsburg** nach Groitzsch. Nach einer kurzen Rast am burgeigenen Weinberg geht es den Hügel hinab ins Zentrum des kleinen Städtchens. Der **Abenteuergolfpark** mit seinem anspruchsvollen Parcours sorgt für gute Laune – auch wenn sich der Ball standhaft weigert, in das Loch des roten Hackenschuhs hineinzurollen.

DER SCHÖNSTE MOMENT: AM UFER DES STAUSEES RÖTHA DURCH DEN BAUMSCHATTEN RADELN, DAS SCHNATTERN DER WASSERVÖGEL IM OHR

Auf dem Weg zur Wolkenfabrik und dem nahegelegenen Aussichtspunkt des **Tagebaus Vereinigtes Schleenhain** können Radler:innen am Wegrand Brombeeren naschen und danach auf den gut ausgebauten Radwegen richtig in die Pedale treten. Erst am riesigen Krater, den der Tagebau in der Erde hinterlassen hat, muss wieder gebremst werden. Die mächtigen Geräusche der stählernen Kolosse dröhnen bis an den Rand des Areals. Im Anschluss geht es über die Pleiße hinüber in deutlich ruhigere Gefilde. Am **Stausee Rötha** ist nur noch das Quaken, Piepsen und Schnattern von Hunderten Wasservögeln zu hören.

Doch auch das verebbt auf dem Weg zum **Schlosspark Rötha**. Zwischen den Jahrhundertbäumen kehrt Ruhe ein. Nur kleine Windböen lassen ab und zu die Blätter in den Baumkronen rascheln. Ein Förderverein restauriert den Park nach historischen Unterlagen. So wurde auch eine Baumallee neu gepflanzt. Sie weist den Weg nach Leipzig. An der Pleiße entlang geht es dann zurück ins quirlige Connewitz. «

An der Wiprechtsburg zeigt ein Wegweiser nach Kieritzsch. Das Gelände der Burgruine ist frei zugänglich.

Bei Rötha führt eine Eisenbrücke über die Pleiße. Wer schiebt, kommt sicher hinüber.

Von Böhlen nach Connewitz führt der Radweg (fast) immer entlang der Pleiße.

RADELN & GENIEßEN

START
Bahnhof Profen

Der Bahnhofsstraße folgen.

KM 0,4

1 Froschkönig – die Marmeladenmacher

Im Schlemmerhimmel

Ein weißes, mit Blumen bepflanztes Fahrrad am grünen Zaun weist den Weg zum Froschkönig. Im dem kleinen Hinterhof-Laden stapeln sich die Marmeladegläser in Holzregalen und Anrichten. Die Marmeladenauswahl ist groß: Kirsch-Stachelbeere, Mango-Feige, oder wie wäre es mit einer Gurkenmarmelade? Alle Marmeladen sind hausgemacht und liebevoll verpackt. In einer Glasvitrine warten üppige Tortenstücke aus der hauseigenen Konditorei auf hungrige Mägen. Daneben liegt allerlei Gebäck, das sich prima auf eine Fahrradtour mitnehmen lässt. Für alle, die mehr Zeit mitbringen: Gleich gegenüber, im ersten Stock des weißen Hauses, ist das Froschkönig-Café. Auf den Fensterbänken stapelt sich feines Porzellan, es riecht nach frisch gebrühtem Kaffee, und auf den Tischen sitzt der ein oder andere Keramikfrosch. (Montag und Dienstag sind Ruhetage, froschkoenig-marmeladenmacher.de)

Von der Bahnhofstraße links auf die Hauptstraße abbiegen. Nach 500 Metern links auf der gepflasterten Straße weiterfahren, der Beschilderung zur Eisenmühle nach. Vor der Mühle links abbiegen und der Straße durch das Dorf folgen. Die B 2 und die Weiße Elster überqueren und dann links den ausgeschilderten Weg nach Groitzsch nehmen. In Groitzsch der Beschilderung zur Wiprechtsburg folgen.

Der Profener Froschkönig ist ein großer Marmeladen-Fan.

Die Rundkapelle zeugt vom Können der Bauleute im ausgehenden 9. Jahrhundert.

Golfabenteuer in Groitzsch: Gepflegte Anlage, leckere Snacks und 100% Spaß.

DAS RUNDE MUSS INS RUNDE!

2 Wiprechtsburg
Ruine mit Weinberg

Auf einem Hügel am nordwestlichen Rand der Stadt Groitzsch steht die Ruine der Wiprechtsburg. Eine teilweise rekonstruierte Rundkapelle und der Stumpf eines runden Turms – beide um 1080 erbaut – sind ganzjährig frei zugänglich und zählen zu den ältesten Steinbauten Sachsens. Umrahmt werden die Burgreste von etwa 40 historischen Flur- und Grenzsteinen aus der Region. Informationstafeln stehen am Rand des Geländes, das an ein Amphitheater erinnert. Unterhalb der Burg gibt es einen kleinen Weinberg. Daneben steht – wie hingemalt – eine Bank. Ein entzückendes Pausenplätzchen.

Den Hügel wieder hinunterradeln. Die Graf-Wiprecht-Straße nach rechts nehmen. Dann links zum Markt hin abbiegen und der Breitstraße (später Bahnhofsstraße) folgen. Rechts auf die Bergstraße abbiegen und bis zum Abenteuergolfplatz radeln.

KM 9,6

3 Abenteuergolfpark Groitzsch
18 Löcher bis zum Sieg

Wie beim richtigen Golf müssen auch auf der 2000 Quadratmeter großen Minigolfanlage in Groitzsch 18 Löcher absolviert werden. Und das ist gar nicht so leicht: Die Bälle müssen auf den naturnahen Kunstrasenbahnen durch Tunnel und Senken, über Hügel und Bachläufe und sogar durch ein sich drehendes Wasserrad geschlagen werden. An einigen Stationen warten auch Elemente, die typisch für die Region sind: Eine Tagebau-Lore oder der Wasserturm von Groitzsch in Miniaturformat. Langeweile kommt auf der gepflegten Anlage des Abenteuergolfparks nicht auf. Im angeschlossenen Biergarten, der Bieraterie, gibt es neben fünfzehn verschiedene Biersorten auch allerlei kalte und warme Snacks. (www.abenteuergolf-groitzsch.de)

Rechts und dann links auf die Alwin-Schmidt-Straße abbiegen. Erneut rechts und dann gleich wieder links in die Straße Zum Wiesenblick und durch das Neubaugebiet radeln. Dahinter auf den ausgeschilderten Radweg in Richtung Leipzig fahren. Am Ende des Radwegs rechts auf die Pegauer Straße und am Supermarkt gleich wieder rechts fahren. Bis nach Lippendorf eine kurze Strecke auf der Landstraße und am Kreisel rechts und kurz dahinter wieder rechts fahren und der Ausschilderung zum Aussichtspunkt folgen.

Der Aussichtspunkt am Tagebaurand ist öffentlich zugänglich.

KM 32,1

5 Stausee Rötha
Ein Vogelparadies

Wenn die Bäume des Walds plötzlich den Blick auf den See freigeben, liegt Magie in der Luft. Hunderte Vögel schwimmen auf seiner glitzernden Oberfläche. Fünf Schwäne tauchen ihren langen Hals auf der Suche nach Futter unter Wasser. Im Schilf raschelt es. Der Stausee Rötha wurde 1939 bis 1942 als Brauchwasserspeicher für den benachbarten Industriestandort Böhlen angelegt. Heute ist er aufgrund seiner schönen Wanderwege vor allem bei Spaziergängern bekannt. Im Uferbereich stehen Bänke, die den Blick auf den See gerichtet haben – und auf das Kraftwerk Lippendorf, dessen weiße Wolken sich auf der Wasseroberfläche spiegeln.

Den Rundweg in Richtung Norden nehmen. Dort auf die Waldstraße wechseln und der Straße rechts ins Ortszentrum folgen. Links in die Dürerstraße einbiegen und dann bis zur Kirche radeln. Schräg gegenüber dem Eingang führt eine kleine Straße am Sächsischen Landesamt für Umwelt vorbei und in den Schlosspark hinein.

4 Tagebau Vereinigtes Schleenhain
Stahlkolosse bei der Arbeit

Das Loch in der Erde hat wahrlich gigantische Ausmaße. Am Tagebau Vereinigtes Schleenhain werden jährlich bis zu elf Millionen Tonnen Rohbraunkohle gefördert. Vom Aussichtspunkt in Neukieritzsch geht der Blick 70 Meter tief in das Abbaufeld Peres. Der Anblick der sich in die Erde grabenden Stahlkolosse ist ziemlich beeindruckend. Schautafeln informieren über die bergmännische Arbeit, geologische Aspekte und begonnene Rekultivierungsmaßnahmen. Wer die Ausmaße der Landschaftsveränderung begreifen will, sollte sich Zeit nehmen und dazu eine Rast auf der angrenzenden Wiese einlegen.

Zurück zum Kreisel fahren, ihn überqueren und den Hügel hinunterrollen lassen. Dann links Zur Pleiße abbiegen, die Brücke passieren und dem Weg bis zur Straße folgen. Links abbiegen und knapp zwei Kilometer bis zur langgezogenen Rechtskurve fahren. Dort links zur Weggabelung abbiegen und dem rechten Weg bis zum Stausee folgen.

Schautafeln im Schlosspark Rötha geben Einblicke in die heimische Flora.

Die weißen Wolken des Kraftwerks spiegeln sich im Stausee.

EXTRA INFOS:

Wer mal einen Bisonburger probieren will, sollte unbedingt die ● **Buffalo Ranch** in Neukieritzsch besuchen. Neben dem Biergarten grasen die Bisons. (www.buffalo-ranch.de)

Der weiße ● **Musentempel** im agra-Park ist der perfekte Platz für eine letzte Pause. Er steht gegenüber vom Weißen Haus direkt am schilfbewachsenen Ufer des großen Teiches.

KM 34

6 Schlosspark Rötha

Wo sich die Trauerweiden spiegeln

Die schlechte Nachricht vorweg: Das frühbarocke Röthaer Schloss wurde zu DDR-Zeiten gesprengt. Wo es einst stand, erinnert heute ein Mahnmal an seine wechselvolle Geschichte. Zur Leipziger Völkerschlacht trafen sich hier die verbündeten Monarchen zu strategischen Absprachen gegen Napoleon. Doch auch wenn das Schloss Geschichte ist, konnte der Park dank der gartendenkmalpflegerischen Arbeiten des Fördervereins »Rötha – Gestern. Heute. Morgen« in seiner Grundsubstanz erhalten und nach historischen Unterlagen restauriert werden. So führt westlich des Schlossteiches eine neu gepflanzte Baumallee wieder – wie früher – als Sichtachse durch den Park. Daneben stehen teils mehr als hundert Jahre alte Bäume. Ein besonders schöner Pausenplatz ist der Schlossteich, auf dessen Oberfläche die Trauerweiden sich pittoresk spiegeln.

Den Schlosspark in Richtung Norden durchfahren. Links auf die Hauptstraße und gleich wieder rechts in den Bischofsweg abbiegen. Dem Weg folgen, die Brücke über die Pleiße nehmen und dem ausgeschilderten Radweg nach Leipzig (fast immer an der Pleiße entlang) folgen. In Markkleeberg führt der Radweg durch den agra-Park hindurch und dann wieder auf dem Damm der Pleiße entlang. Im Wald – kurz vor Connewitz – ist der Weg zur S-Bahn-Station bereits ausgeschildert.

KM 48 » ZIEL

S-Bahnhof Leipzig Connewitz

Neben typischer Auwaldflora stehen im Schlosspark Rötha auch exotische, Parkbäume.

AUF EINEN BLICK

- **Start:** Bahnhof Profen
- **Ziel:** S-Bahnhof Leipzig Connewitz
- **Strecke / reine Radelzeit:** 48 km (Streckentour), 3 Std. 30
- **Höhenmeter:** ↗29 m; ↘56 m
- **Wegbeschaffenheit:** Asphaltierte Radwege und ruhige Straßen, kurze Passagen auf Kiesstrecken und Waldwegen.
- **Beste Zeit:** Im Herbst, wegen der Beeren.
- **Mitnehmen:** Fernglas zur Vogelbeobachtung, ausreichend Stauraum für Marmeladengläser, Vorratsdosen für Brombeeren.

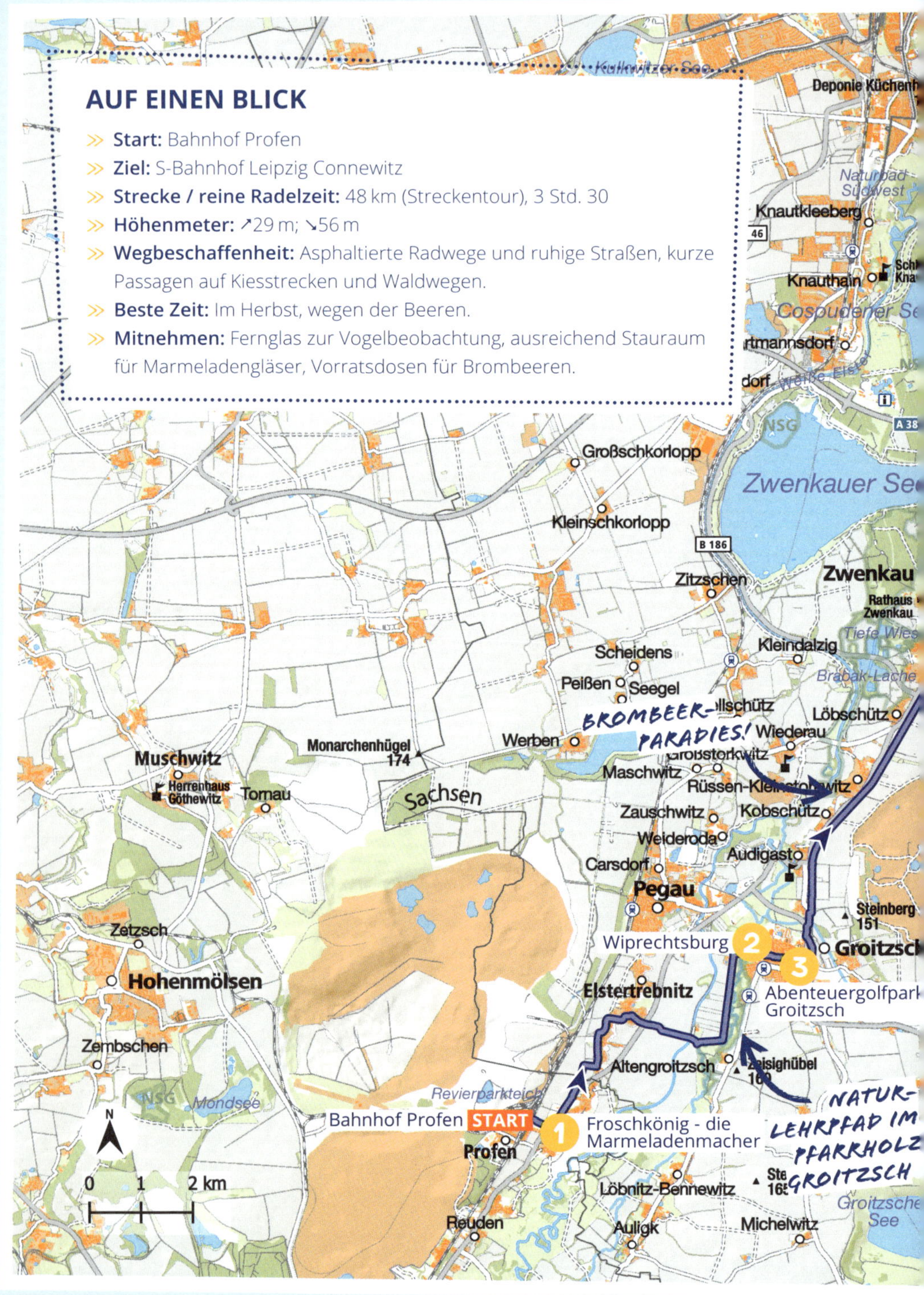

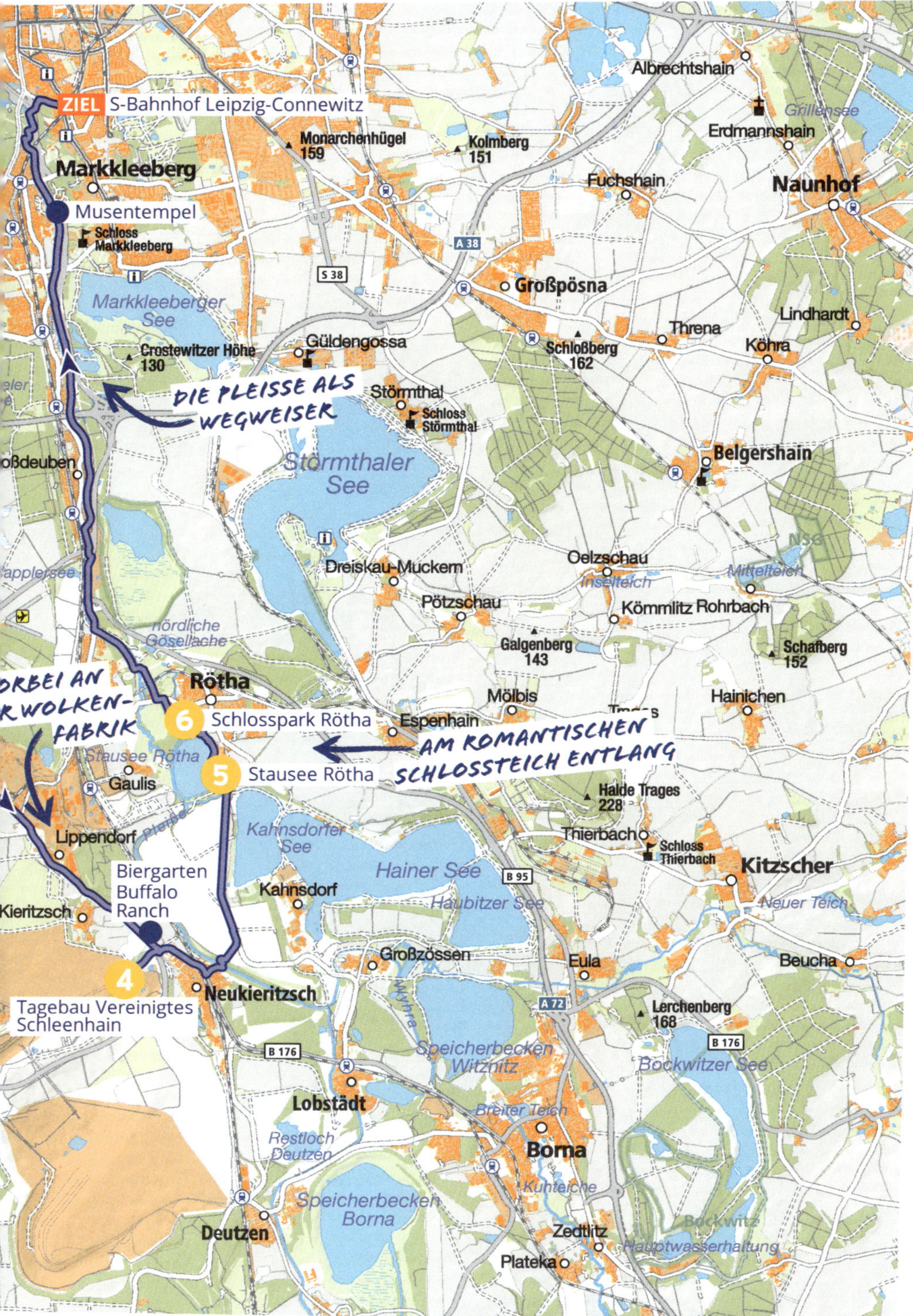

ZIEL S-Bahnhof Leipzig-Connewitz
Markkleeberg
Musentempel
Schloss Markkleeberg
Markkleeberger See
Monarchenhügel 159
Kolmberg 151
Albrechtshain
Grillensee
Erdmannshain
Fuchshain
Naunhof
A 38
S 38
Großpösna
Lindhardt
Threna
Köhra
Schloßberg 162
Güldengossa
Crostewitzer Höhe 130
DIE PLEISSE ALS WEGWEISER
Störmthal
Schloss Störmthal
Störmthaler See
Belgershain
Dreiskau-Muckern
Oelzschau
Inselteich
Mittelteich
Pötzschau
Kömmlitz
Rohrbach
Galgenberg 143
Schafberg 152
nördliche Gösellache
Rötha
Mölbis
Hainichen
6 Schlosspark Rötha
Espenhain
AM ROMANTISCHEN SCHLOSSTEICH ENTLANG
Stausee Rötha
5 Stausee Rötha
Gaulis
Halde Trages 228
Thierbach
Schloss Thierbach
Kitzscher
Lippendorf
Pleiße
Kahnsdorfer See
Hainer See
B 95
Kahnsdorf
Haubitzer See
Neuer Teich
Biergarten Buffalo Ranch
Kieritzsch
Großzössen
Eula
Beucha
4 Tagebau Vereinigtes Schleenhain
Neukieritzsch
A 72
Lerchenberg 168
Whyra
B 176
Speicherbecken Witznitz
Bockwitzer See
Lobstädt
Breiter Teich
Restloch Deutzen
Borna
Speicherbecken Borna
Kahnteiche
Deutzen
Zedtlitz
Hauptwasserhaltung
Plateka

DIE RADELPAUSEN

»START
Bahnhof Zeitz

KM 1
1 Schloss Moritzburg
Gartenträume werden wahr

KM 9
2 Haynsburg
Fernsichten

KM 20
3 Schloss Droyßig
Die Bären sind los

19 DER DUFT VON ZUCKER

Von Zeitz bis nach Droyßig und über den Zuckerbahnradweg zurück

Trotz guter Radwege ist die Strecke rund um Zeitz oft menschenleer. An der Vielfalt am Wegrand kann es nicht liegen: Aus Weinbergen und Hopfenfeldern, Schlössern und Burgen entstehen tolle Panoramen, an die sich die Weiße Elster sanft schmiegt.

KM 20,2

4 Orient Bistro
Döner mit Salsa-Soße

KM 27,4

5 Brikettfabrik Hermannschacht
Industriegeschichte hautnah

KM 31,9

6 Baumwipfelpfad Zeitz
Das ist doch die Höhe!

KM 35,9 » ZIEL
Bahnhof Zeitz

JE NACHDEM, WIE DER WIND STEHT …

… dringt der Geruch aus der Zeitzer Zuckerfabrik im Westen der Stadt bis in die Innenstadt vor: Es riecht nach Rüben und Karamell. Die einen lieben den Geruch, die anderen rümpfen pikiert die Nase. Wer aus dem Zug aussteigt, sollte also erst mal die Nase in den Wind halten. Nichts? Dann auf gen Westen. Schon nach einem kurzen Tritt in die Pedale ragt aber erst mal das **Schloss Moritzburg** am Wegrand empor.

Hinter dem Schlossgarten mit seiner üppigen Blütenpracht führt der Mühlgraben aus Zeitz hinaus. Hopfenfelder, Wäldchen und Wiesen grüßen herüber. In der Ferne thront die **Haynsburg** auf einem Berg. Der Anstieg ist nicht ohne. Zwischen den Bäumen knackt und raschelt es. Wer sich, oben angekommen, nochmal aufrafft und die Holzstufen im Bergfried hinaufsteigt, darf sich auf tolle Ausblicke in alle Himmelsrichtungen freuen.

DER SCHÖNSTE MOMENT: AUF DEN BERGEN HINTER DER HAYNSBURG INS TAL UND AUF DIE GEGENÜBERLIEGENDEN BERGE BLICKEN – UND STAUNEN

Danach geht es auf der Bergkuppe an Feldern und Obstbaumalleen vorbei, bis es kurz vor Dietendorf heißt: rollen lassen. Ohne die Bremsschwellen auf der Straße wäre die Abfahrt allerdings deutlich angenehmer. Durch Wetterzeube hindurch gut durchschnaufen, denn der nächste große Anstieg wartet bereits. Gesäumt von Kirschbäumen geht es rund zwei Kilometer bergauf. Wer oben die Aussicht genossen hat, darf sich die nächsten zwei Kilometer bis zum **Schloss Droyßig** wieder hinabrollen lassen. Danach gibt es am Droyßiger Marktplatz einen wohlverdienten Snack im **Orient Bistro,** bevor es auf dem gut ausgebauten Zuckerbahnradweg zurück nach Zeitz geht.

Kurz hinter dem Ortsschild liegt die älteste erhaltene **Brikettfabrik** der Welt, der Zeitzer Hermannschacht. In der historischen Anlage erfahren Interessierte, wie aus Braunkohle Briketts wurden. So reich wie die Industriegeschichte der Stadt ist auch die Natur im Umland. Am Güterbahnhof vorbei geht es stadtauswärts nach Zangenberg. Auf einer Anhöhe liegt der Zeitzer **Baumwipfelpfad**. Der Schatten der Bäume kühlt die erhitzte Haut ganz wunderbar. Danach führt der Weg durch Wald und Wiesen bis zur Weißen Elster, die den Rückweg zum Bahnhof weist. «

RADELN & GENIEẞEN

START
Bahnhof Zeitz

Aus dem Bahnhof heraus die kleine Brücke gegenüber überqueren, und dann rechts die Elsterpromenade hinunterradeln. Auf die Hauptstraße hochfahren und rechts abbiegen. Auf der rechten Seite liegt das Schloss.

Rechts neben den drei Damen befindet sich der Eingang zum Museum.

KM 1

Schloss Moritzburg

Gartenträume werden wahr

Auf einem großzügigen Areal an der Weißen Elster thront das Schloss Moritzburg. Den schönsten Blick auf das frühbarocke Schlossensemble bietet der weitläufige Schlossgarten, der für die Öffentlichkeit frei zugänglich ist. Neben der Orangerie mit Barockparterre, den verspielten Lustgärten und dem englischen Landschaftspark sind es vor allem die üppigen und in bunten Farben leuchtenden Frühlings- und Sommerblumenbeete vor der Schlosskulisse, die den Besuch unvergesslich machen. Wer noch etwas mehr Zeit mitbringt, kann dem Deutschen Kinderwagenmuseum im Schloss einen Besuch abstatten. Den Weg zum Museum weist das historische Bild eines Kinderwagens samt dreier Damen in vornehmer Kleidung. Die kurzweilige Ausstellung zeigt die Geschichte des Kinderwagenbaus von ihren Anfängen in den 1840er Jahren bis heute (museum-moritzburg-zeitz.de).

'auptattraktion im ss: Kinderwagen.

Den Schlosspark am Haupteingang verlassen. Rechts abbiegen. Vor der nächsten Brücke links auf den Elster-Radweg einbiegen. Der Strecke 3,5 Kilometer entlang des Mühlgrabens und der Weißen Elster folgen. Vor dem Hopfenfeld rechts abbiegen und dem Elster-Radweg bis zur Ausschilderung »Haynsburg« folgen. Den Berg hinauffahren (oder -schieben).

KM 9

2 Haynsburg
Fernsichten

Die Haynsburg, bereits im Jahr 1185 erstmals urkundlich erwähnt, ist ein Trutzbau mit gewaltigem Mauerwerk. Durch ein großes Tor geht es in den Innenhof der Burg, in dem der Bergfried steht – ein steinerner Turm, in dem eine hölzerne Treppe nach oben führt. Dort eröffnen Fensterluken in alle Himmelsrichtungen den Blick auf das weite Land: ins Elstertal, in die Leipziger Tieflandbucht und natürlich auch auf die Zuckerfabrik in Zeitz. Wer aus den Turmfenstern in Richtung Nordwesten blickt, sieht bereits das nächste Ziel der Tour am Horizont: das Schloss in Droyßig.

Dem Straßenverlauf bis nach Dietendorf weiter folgen. In Dietendorf auf den Elster-Radweg einbiegen. An der Hauptstraße rechts abbiegen. Durch Wetterzeube hindurchradeln und der Beschilderung nach Droyßig folgen. Wer es auf die Hügelkuppe geschafft hat, kann sich die letzten zwei Kilometer bis zum Schloss runterrollen lassen.

KM 20

3 Schloss Droyßig
Die Bären sind los

Im Garten des Schlosses in Droyßig wohnen zwei Bären. Ohne Witz. Die Braunbären Aiko und Toni hausen seit 2003 im Bärengehege des Schlossparks, das durchaus etwas größer sein könnte. Eine blaue, zerknitterte Tonne im steinernen Pool zeigt, wo die Braunbären in den heißen Sommermonaten am liebsten spielen. Durch den gläsernen Zaun sind die Menschen den Tieren ganz nah. Aber bitte nicht füttern! Über einen Audioguide (per Telefon oder QR-Code abrufbar) hört man mehr über die lange Tradition der Bären in Droyßig, die es sogar ins Wappen der Gemeinde geschafft haben.

Den Berg in Richtung Markt hinunterrollen.

Treppenhaus im Bergfried: Ohne Fleiß kein Preis.

Nicht unumstritten: Das Bärengehege der Braunbären Aiko und Toni in Droyßig.

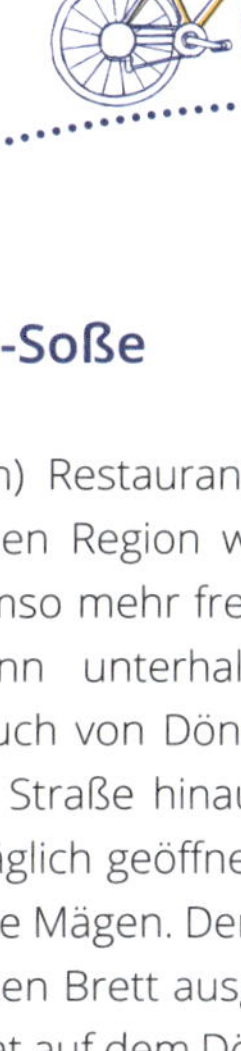

KM 20,2

4 Orient Bistro

Döner mit Salsa-Soße

Die Auswahl an (geöffneten) Restaurants und Imbissen ist in der ländlichen Region westlich von Zeitz äußerst gering. Umso mehr freut sich der hungrige Magen, wenn unterhalb des Schlosses plötzlich der Geruch von Döner und frisch gebackener Pizza die Straße hinaufzieht. In dem kleinen Ort ist das täglich geöffnete Orient Bistro ein Garant für satte Mägen. Der Pizzateig wird auf einem bemehlten Brett ausgebreitet und frisch belegt, der Salat auf dem Döner ist knackig. Wer noch nie Salsa-Soße auf dem Döner probiert hat, hat jetzt die Chance dazu. Spoiler: Es schmeckt überraschend gut. Nur der Sitzbereich im Bistro wirkt etwas lieblos. Bei schönem Wetter sind die Bänke auf dem Platz davor die bessere Alternative. Und dann heißt es: reinbeißen und genießen.

Am Fuß des Schlosses in die Schlossstraße einbiegen. Dann rechts auf den ausgeschilderten Zuckerbahnradweg in Richtung Zeitz abbiegen. Dem Streckenverlauf (es geht weiter bergab!) sieben Kilometer bis zur Naumburger Straße in Zeitz folgen. Auf der anderen Straßenseite liegt die Südzucker-Fabrik, rechts daneben das gut ausgeschilderte Museum.

In Droyßig können Gäste per QR-Code oder Telefon mehr über die Bären erfahren.

Brikettfabrik Hermannschacht: Ein einzigartiges Relikt regionaler Bergbaugeschichte.

KM 27,4

5 **Brikettfabrik Herrmannschacht**

Industriegeschichte hautnah

An keinem anderen Ort in Zeitz können Wissbegierige so gut in die Industriegeschichte eintauchen wie im Zeitzer Hermannschacht – der ältesten erhaltenen Brikettfabrik der Welt. Im Jahr 1889 startete die Produktion der Briketts, die damals für warme Öfen sorgten und die Menschen durch die eisigen Winter brachten. Die rostige Maschinerie ist ein Relikt dieser Zeit. Wie Braunkohle entsteht, lernt man im angelegten Braunkohlewald. Interessant ist auch die Ofenausstellung im Turmhaus der Fabrik. Der Museumsbesuch ist momentan nur im Rahmen von Führungen möglich. (Do, Sa und So ab 10 Uhr, Fr ab 13 Uhr). Einfach per E-Mail unter info@herrmannschacht oder unter 0 34 41-22 86 55 anmelden.

Rechts auf die Naumburger Straße fahren, dann rechts in die Alte Werksstraße einbiegen und am Güterbahnhof vorbei bis zur Leipziger Straße fahren. Rechts abbiegen. Durch den Tunnel, dann auf der rechten Seite der Ausschilderung zum »Lebensraum Baum« folgen.

Hier geht's um Kohle und dampfende Maschinen.

KM 31,9

6 Baumwipfelpfad Zeitz

Das ist doch die Höhe!

Ein gut sichtbares Holzschild weist den Weg zu den Baumkronen. Zunächst geht es einen grünen Hügel hinauf, auf dem ein hölzerner Turm als erster Ausguck in den Wald dient. Dahinter startet der kurze Rundweg auf einem rund einen Meter breiten Brettersteg aus Robinienhölzern durch die Baumwipfel. Wer über die Brüstung schaut, staunt nicht schlecht: Immerhin geht es hier acht Meter in die Tiefe hinunter. Informationstafeln stellen die Bewohner der Baumwipfel vor: Eichhörnchen, Rotmilane, Waldohreulen. Auch einen Zweigzonen- und einen Wurzelpfad gibt es – also allerhand zu entdecken.

Dem ausgeschilderten Radweg zurück nach Zeitz folgen. Am Kreisel links über die Auebrücke fahren und dahinter rechts zur Elsterpromenade runterfahren. Die Brücke zum Bahnhof überqueren.

EXTRA INFOS:

Wer in Wetterzeube hinter dem Mühlgraben rechts reinfährt, kommt schon bald zum ● **Ziegenhof Schleckweda**. Der Hofladen hat immer freitags von 10 bis 18 Uhr geöffnet.

KM 35,9 » ZIEL

Bahnhof Zeitz

Auf Augenhöhe mit den Baumwipfeln: Ein Spaß für Groß und Klein.

AUF EINEN BLICK

- **Start / Ziel:** Bahnhof Zeitz
- **Strecke / reine Radelzeit:** 35,9 km (Rundtour), 3 Std.
- **Höhenmeter:** ↗233 m; ↘233 m
- **Wegbeschaffenheit:** Einige Streckenabschnitte führen wenig befahrene Landstraßen entlang.
- **Beste Zeit:** Vom Frühling bis in den Herbst hinein
- **Mitnehmen:** So wenig Gepäck wie möglich – zwei Berganstiege!

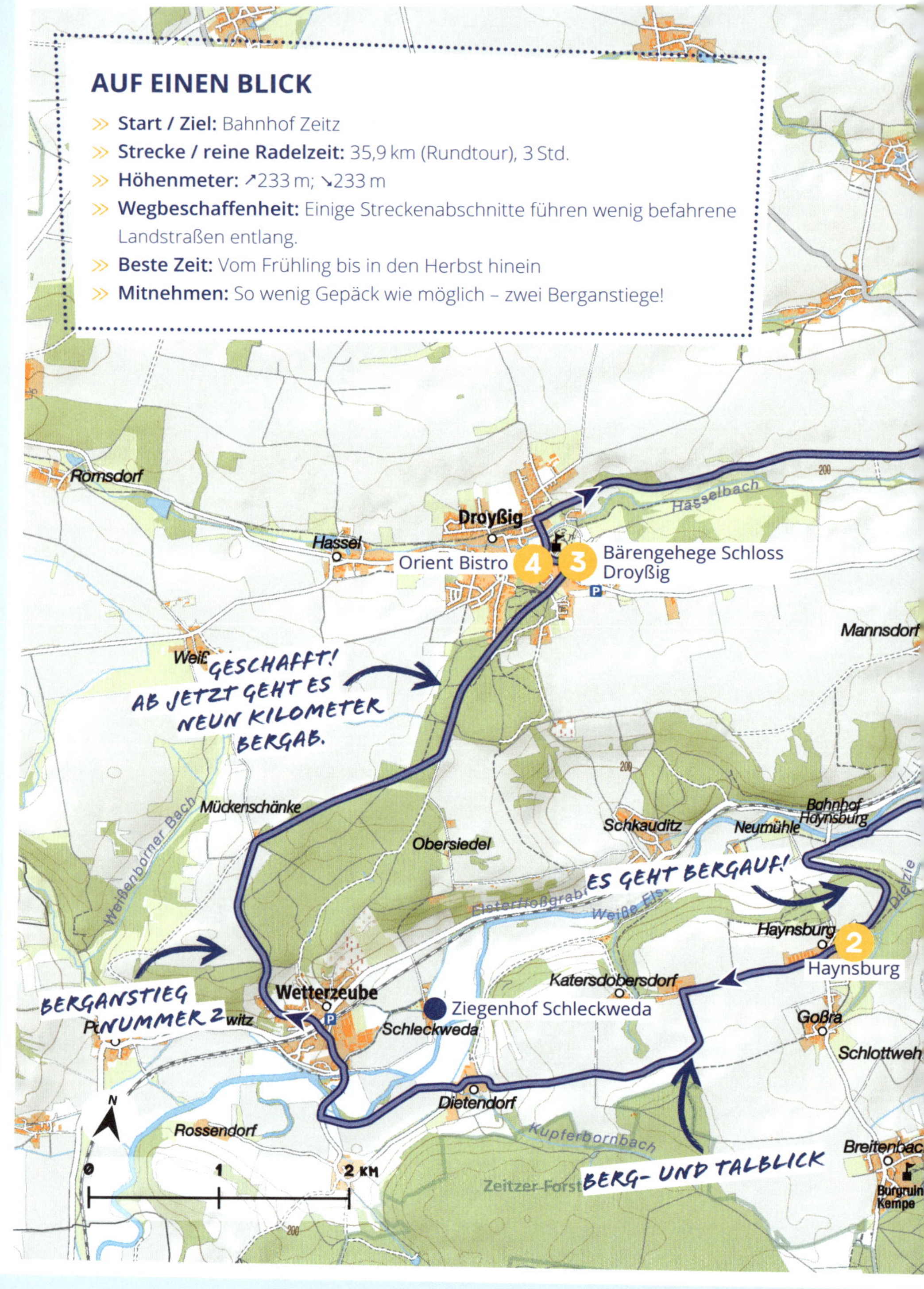

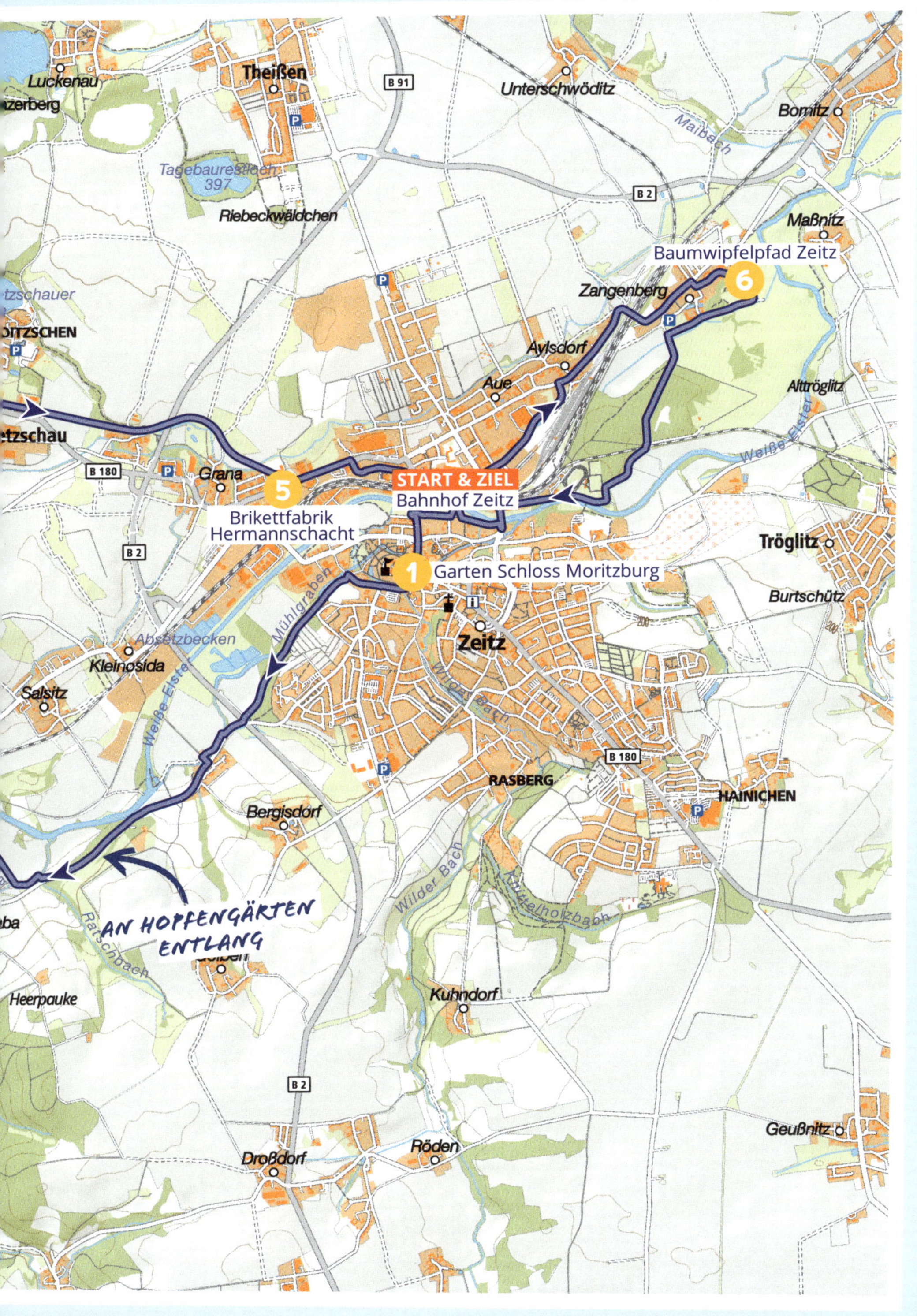

Theißen
Luckenau
B 91
Unterschwöditz
Bornitz
Tagebaurestloch 397
Riebeckwäldchen
B 2
Maßnitz
Baumwipfelpfad Zeitz
6
Zangenberg
Aylsdorf
Aue
Altröglitz
Weiße Elster
START & ZIEL
Bahnhof Zeitz
5
Brikettfabrik Hermannschacht
Grana
B 180
Tröglitz
1
Garten Schloss Moritzburg
Burtschütz
Mühlgraben
Zeitz
Absetzbecken
Kleinosida
Salsitz
B 180
RASBERG
HAINICHEN
Bergisdorf
AN HOPFENGÄRTEN ENTLANG
Wilder Bach
Ratschbach
Heerpauke
Kuhndorf
B 2
Geußnitz
Röden
Droßdorf

DIE RADELPAUSEN

» START
Bahnhof Kötzschau

KM 1,6
1 Floßgraben
Den Storch besuchen

KM 13,3
2 Raßnitzer See
Kleiner Badestopp

KM 17,6
3 Historischer Weinkeller Wallendorf
Prosit im Radlertreff

FELDER BIS ZUM HORIZONT

Von Kötzschau durch die Elster-Luppe-Aue bis nach Bad Dürrenberg und Lützen

Wer sich für historische Technik-Highlights interessiert und die Einsamkeit liebt, ist hier goldrichtig: Kornfelder und frische Seeluft begleiten einen zum längsten Gradierwerk Deutschlands und entlang des größten Kunstgrabensystems Europas.

KM 22,3

4 Schleusenruine Wüsteneutzsch
Ein Lost Place aus der NS-Zeit

KM 26,6

5 Gradierwerk Bad Dürrenberg
Nordseeluft schnuppern

KM 36

6 Schloss Lützen
Eis essen vor edlen Mauern

KM 43,5 » ZIEL
Bahnhof Kötzschau

EINE ALTE DIESELLOK, ...

... die einst in einem Waschmittelwerk beim Transport der Rohstoffe geholfen hat, begrüßt die Ankommenden am **Bahnhof Kötzschau**. Sie ist der Auftakt zu einer ganzen Reihe von technischen Errungenschaften der vergangenen Jahrhunderte, die am Wegrand stehen und an fast vergessene Zeiten erinnern. Wer in Kötzschau hinter dem Schornstein, auf dem das **Storchennest** thront, in den Wald hineinfährt, trifft schon bald auf den mit Bäumen und Büschen umwachsenen **Floßgraben**.

Hinter Schladebach drosseln Schotterpisten das Tempo. Staub wirbelt auf, Schattenplätze sind rar. Wo einst Braunkohle und Kies abgebaut wurden, sind kleine und große Seenlandschaften entstanden. Zwischen den feuchten Oasen ziehen sich schier endlose Getreidefelder bis zum Horizont. Hinter Zöschen liegt der **Raßnitzer See**. Er ist im Leipziger Umland noch ein echter Geheimtipp. Selbst an heißen Sommertagen sind die Liegewiesen nicht überfüllt. In kleinen, versteckten Nischen findet jeder den perfekten Spot für ein Bad im See. Im verschlafenen Dörfchen Wallendorf spendet die weinbewachsene Terrasse des historischen **Weinkellers** endlich Schatten.

DER SCHÖNSTE MOMENT: WENN DIE SONNE DEN RASSNITZER SEE BEI EINER LAUEN SOMMERBRISE GLITZERN LÄSST

Die Wasservögel am Speicher Schladebach scheint die Hitze nicht zu stören. Er liegt nur zehn Minuten von der massiven **Schleusenruine in Wüsteneutzsch** entfernt. Für Abkühlung sorgt das **Gradierwerk** in Bad Dürrenberg – frische Nordseeluft inklusive. Im angrenzenden Kurpark steht das Palmen- und Vogelhaus. Hier wird man gerne mal angequatscht – in den Volieren wohnen neben allerlei exotischen Vögeln auch sprechende Graupapageien.

Bis nach Lützen ist der Weg Idylle pur: kleine Dörfer, Äcker, ruhige Straßen und Wege. In **Lützen** prangt ein riesiger Eisbär an der Fassade eines Hauses: Die farbenfrohe Eistheke des Eiscafé Eisbär lässt keine Wünsche offen. Das Schlangestehen auf dem Bürgersteig lohnt sich – versprochen! Auf den letzten Kilometern zum Bahnhof lassen sich – je nach Jahreszeit – am Weg noch Kirschen, Brombeeren oder Äpfel für den Heimweg im Zug pflücken. «

RADELN & GENIESSEN

Die blaue Diesellokomotive zieht am Bahnhof in Kötzschau alle Blicke auf sich.

START

Bahnhof Kötzschau

Links auf die Bahnhofsstraße abbiegen, bis zur kleinen roten Brücke fahren und dort rechts. Dem Weg in den Wald hinein und auch wieder hinaus folgen.

KM 1,6

1 Floßgraben

Den Storch besuchen

Wer aus dem Wald hinaus über eine kleine Brücke radelt, kommt an einem alten Gehöft heraus. Nur wer Richtung Wolken blickt, sieht die gefiederten Bewohner dieses Ortes. Auf den roten Ziegelschornstein thronen die Störche ab April in ihrem Nest und blicken neugierig auf die Eindringlinge hinunter. Auf drei Tafeln wurde ihr Kommen und Gehen der vergangenen Jahrzehnte festgehalten. Direkt daneben quakt es aus einem kleinen Teich. Der perfekte Rastplatz für ein zweites Frühstück. Wer einen kurzen Spaziergang in den schattenspendenden Wald hinein macht, stößt schon bald auf den Floßgraben, ein ab 1577 angelegtes Kunstgrabensystem, das Holzscheite von der Weißen Elster in der thüringischen Gemeinde Crossen bis nach Halle und Leipzig transportierte. Historiker nennen sie auch »die größte europäische Energiepipeline ihrer Zeit«.

Beliebte Besucher in Kötzschau: Die Störche auf dem Ziegelschornstein.

Auf der Hauptstraße nach links abbiegen und der Beschilderung nach Schladebach folgen. Kurz vor dem Ortsausgang in die Zöschener Straße einbiegen und die Schotterstraße nehmen. In Zöschen zur ausgeschilderten Kriegsgräberstätte fahren und dahinter links Richtung See abbiegen.

KM 13,3

2

Raßnitzer See

Kleiner Badestopp

Plötzlich ist sie da: Die frische Seeluft, die einem bereits einen Kilometer, bevor der See in Sicht ist, entgegenweht. Der Raßnitzer See ist ein Restloch des Braunkohleabbaus vom Tagebau Merseburg-Ost und liegt direkt neben dem Wallendorfer See. Libellen begleiten einen auf den letzten Metern zum Wasser und auf dem Weg um den See herum. Neben den Liegewiesen samt Badestellen gibt es auch einige versteckte Zugänge zum See. Kleine Trampelpfade durch Gebüsch und Wiesen weisen den Weg. Wer sich erstmal einen Überblick verschaffen will, klettert am besten auf den 15 Meter hohen hölzernen Aussichtsturm am Nordufer.

Auf den Rundweg um den See weisen Schilder am Westufer und später auch in Wallendorf den kürzesten Weg zum Weinkeller.

Aussichtsturm am Nordufer mit Blick auf den Raßnitzer See.

Weinreben umschließen den Freisitz im historischen Weinkeller Wallendorf.

KM 17,6

3

Historischer Weinkeller Wallendorf

Prosit im Radlertreff

Entlang des Jakosbwegs nach Santiago de Compostela liegt der kleine Ort Wallendorf. Der Pilgerweg führt am täglich geöffneten Weinkeller (www.**weinkeller-wallendorf.de**) vorbei. Die kleine, berankte Terrasse ist der perfekte Ort, um die müden Beine auszuruhen. Das Tonnengewölbe wurde 1539 mit den Steinen der »Beatae Mariae Magdalenae«-Kapelle erbaut, die in romanischer Zeit an dieser Stelle stand. Alle Speisen werden hier frisch zubereitet, daher sollten Gäste ein bisschen Zeit mitbringen. Wie wäre es mit ein paar Weinbergschnecken, im Pfännchen gratiniert? Oder doch lieber Schweineschnitzel oder überbackene Champignons? Auf der Karte stehen diverse Weine aus der heimischen Weinregion Saale-Unstrut, dem nördlichsten Weinanbaugebiet der Republik.

Der Hauptstraße bis zur Schladebacher Straße folgen. Dann Richtung Friedensdorf in den Friedensdorfer Weg abbiegen und links in die Gebrüder von Wedel-Straße. Am Ende links in die Wüsteneutzscher Straße abbiegen.

KM 22,3

4

Schleusenruine Wüsteneutzsch

Ein Lost Place aus der NS-Zeit

Mächtig türmen sich die Betonkolosse auf. Keine Schleusentreppe ist höher, keine hat eine größere Kammer. Doch gibt's hier überhaupt Wasser? Bis auf einen kleinen Tümpel scheint die Ruine weit entfernt von jeglichen Gewässern zu stehen. Beim Weiterfahren zeigt sich: Der Speicher Schladebach ist nah dran. Diverse Wasservögel haben in einer der ältesten Talsperren Sachsen-Anhalts ihr Zuhause. Die Schleusenruine jedoch war nie im Einsatz. Die Kammerwände wurden 1942 betoniert, der Bau schon 1943 kriegsbedingt eingestellt. Seither holt sich die Natur diesen Ort zurück.

Von Wüsteneutzsch zunächst der Straße nach Wölkau folgen und dann auf der Merseburger Straße bis nach Bad Dürrenberg. Nach dem Kreisverkehr der Hauptstraße dort weiter geradeaus folgen.

Betonkolosse ragen gen Himmel: die Relikte der Schleuse in Wüsteneutzsch.

Es riecht nach Meer! Nordsee-Feeling in Bad Dürrenberg.

KM 26,6

5

Gradierwerk Bad Dürrenberg

Nordseeluft schnuppern

Die längste zusammenhängende Salz-Gradieranlage in Deutschland.

Ein der Nordseeluft ähnliches Mikroklima herrscht in der Nähe des Bad Dürrenberger Gradierwerks. Wie eine frische Meeresbrise – herrlich! Mit 636 Metern Länge ist der Bau die längste noch erhaltene Salzgradieranlage Deutschlands. Die herabrieselnde Sole steigert den Salzgehalt der Luft und soll bei Atemwegserkrankungen helfen. Also: tief ein- und ausatmen, während man durch den Kurpark flaniert, die Kaltinhalierhalle besucht oder auf den 800 Meter langen Wandelstegen entlangläuft.

Nach der Promenade hügelabwärts rollen bis zur Keuschberger Straße. Dort links einbiegen. Dann dem Ellerbach durch Tollwitz, Ragwitz, Zöllschen und Schweßwitz bis nach Lützen folgen.

KM 36

6 Schloss Lützen

Eis essen vor edlen Mauern

Beim Lützener Eiscafé Eisbär die Qual der Wahl: Lieber eine Kugel Erdbeer-Basilikum, Amadeus (Mozartkugel) Dream oder doch lieber ganz klassisch ein Stracciatella-Eis? Die Auslage ist prall gefüllt und lässt keine Wünsche offen. Wer noch etwas mehr Hunger hat, kann hier auch Pizza, Pasta oder Flammkuchen mitnehmen (www.eiscaféeisbaer.de). Der perfekte Ort zum Eisschlecken ist die baumbewachsene Grünfläche vor dem weit über 700 Jahre alten Schloss Lützen (www.museumluetzen.de) direkt gegenüber. Das Schloss beherbergt heute ein Museum, das die Geschichte von Stadt und Region aufgreift. Schier uferlos ist das 3600 Zinnfiguren starke Großdiorama der Schlacht vom November 1632, das sogar zeigt, wie der schwedische König Gustav Adolf II. vom Pferd fiel.

Der Gustav-Adolf-Straße in Lützen in Richtung Leipzig folgen. Kurz vor der Bushaltestelle Gustav-Adolf-Straße links in den Ötzscher Weg einbiegen. In Nempitz links die Schulstraße nehmen bis zum Thälmann-Denkmal. Dort rechts und entlang des Floßgrabenwegs zur Kirschstraße fahren. Dieser über die Autobahn bis nach Rampitz folgen. Rechts abbiegen, dem Straßenverlauf folgen und bis Bahnhofstraße fahren.

EXTRA INFOS:

Wer in Schladebach nach links in die Bauernstraße abbiegt, trifft am rechten Straßenrand auf das Hinweisschild ● **»Tiefstes Bohrloch der Welt«**. Mit 1748,40 m konnte hier von 1884 bis 1893 der Tiefenweltrekord gehalten werden. Heute dort zu stehen: für Geschichtsbegeisterte ein Gänsehautmoment.

Der ● **Speicher Schladebach**, der bereits im 15. Jahrhundert angelegt wurde, ist der perfekte Picknickplatz. Vögel trällern, zwitschern, schnattern, rufen und lassen sich von Besuch nicht stören.

KM 43,5 » ZIEL

Bahnhof Kötzschau

Tiefenrekorde in Schladebach: Gut 1748 Meter führte das Bohrloch in die Erde.

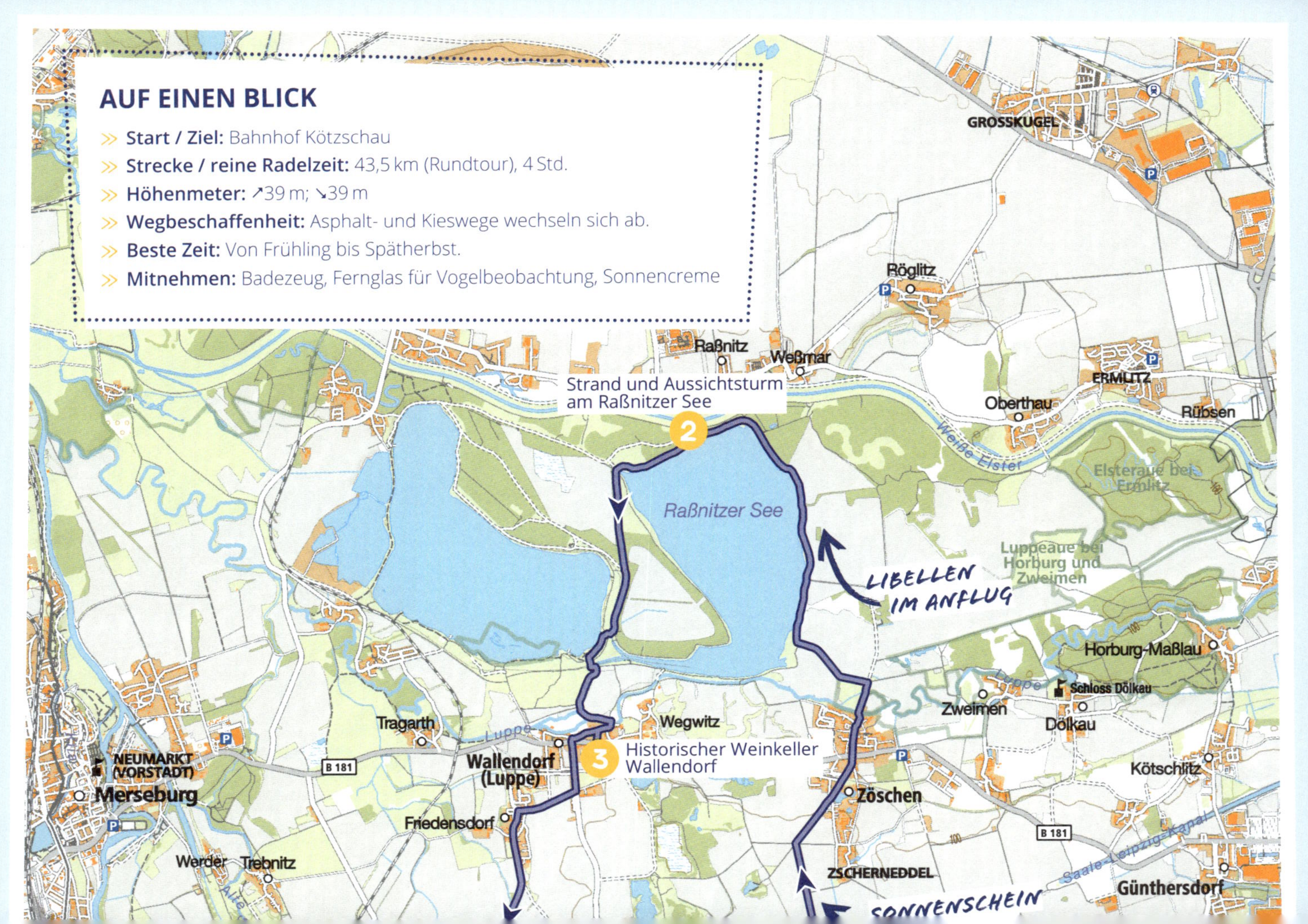

AUF EINEN BLICK

- » **Start / Ziel:** Bahnhof Kötzschau
- » **Strecke / reine Radelzeit:** 43,5 km (Rundtour), 4 Std.
- » **Höhenmeter:** ↗39 m; ↘39 m
- » **Wegbeschaffenheit:** Asphalt- und Kieswege wechseln sich ab.
- » **Beste Zeit:** Von Frühling bis Spätherbst.
- » **Mitnehmen:** Badezeug, Fernglas für Vogelbeobachtung, Sonnencreme

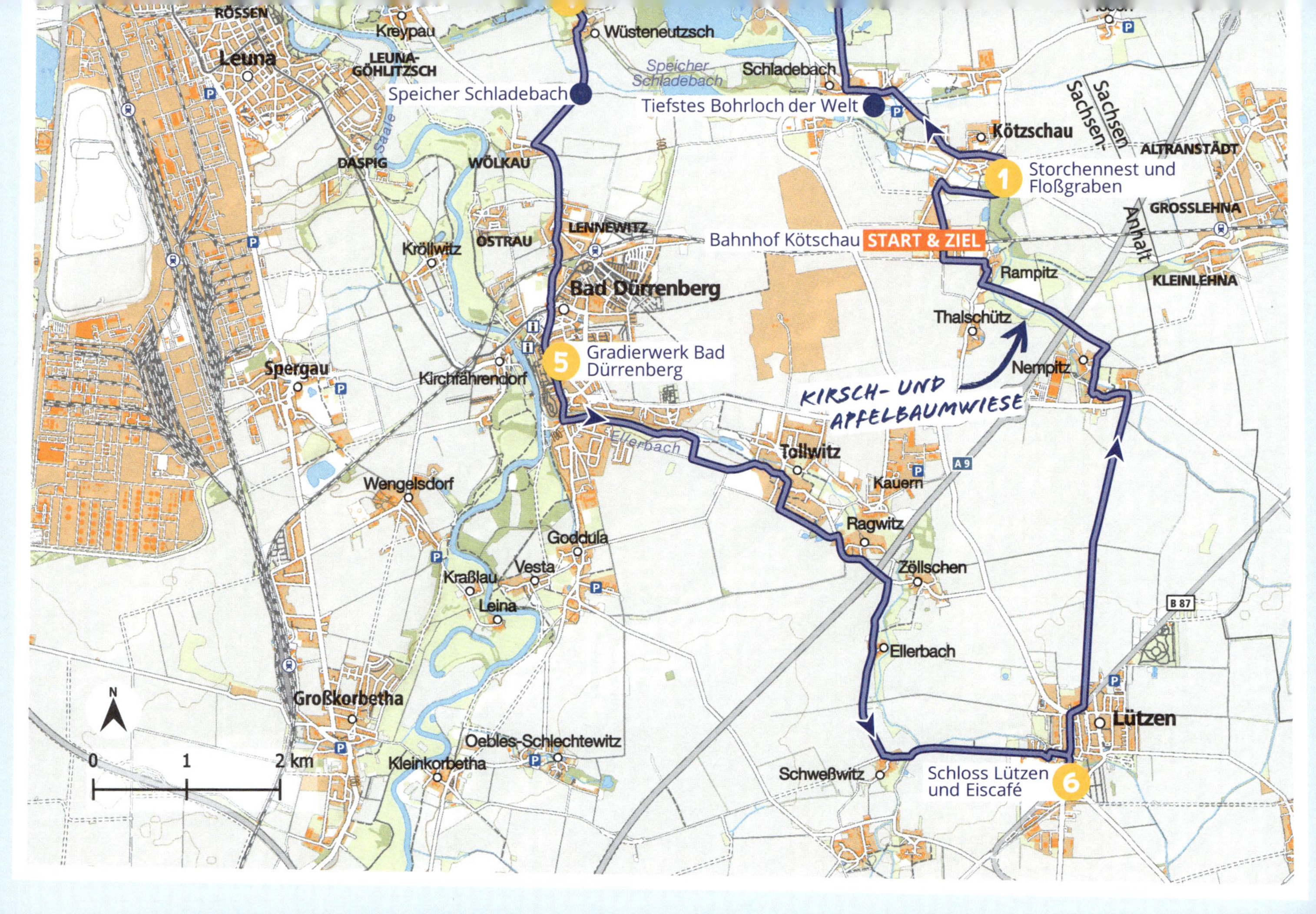

Bahnhof Kötschau START & ZIEL
1 Storchennest und Floßgraben
5 Gradierwerk Bad Dürrenberg
6 Schloss Lützen und Eiscafé
Speicher Schladebach
Tiefstes Bohrloch der Welt
KIRSCH- UND APFELBAUMWIESE
Leuna
RÖSSEN
Kreypau
LEUNA-GÖHLITZSCH
Wüsteneutzsch
Speicher Schladebach
Schladebach
Kötzschau
Sachsen
Sachsen-Anhalt
ALTRANSTÄDT
GROSSLEHNA
KLEINLEHNA
Rampitz
Thalschütz
Nempitz
DASPIG
WÖLKAU
LENNEWITZ
OSTRAU
Kröllwitz
Bad Dürrenberg
Kirchfährendorf
Spergau
Saale
Ellerbach
Tollwitz
Kauern
Ragwitz
Zöllschen
Ellerbach
Lützen
Schweßwitz
Wengelsdorf
Goddula
Vesta
Kraßlau
Leina
Großkorbetha
Oebles-Schlechtewitz
Kleinkorbetha
A 9
B 87
N
0
1
2 km

AUCH NOCH GANZ NÜTZLICH

ORTSREGISTER

IMPRESSUM

- **Text:**
  Kristin Kasten
- **Cover- und Buchgestaltung:**
  Carolin Weidemann, Köln, www.weidemann-design.com
- **Lektorat & Produktion:**
  Verlagsbüro Wais & Partner, Stuttgart, www.wais-und-partner.de
- **Fotos:**
  Titelfoto: mauritius images/Alamy Stock Photos/Animaflora PicsStock; Fotos Innenteil: Kristin Kasten
- **Kartografie:**
  ©KOMPASS-Karten GmbH, kompass.de unter Verwendung von ©OpenStreetMap Contributors, osm.org/copyright
- **S. 222 / 223:**
  Marie Geißler (Illustration), Jens Bey (Text)

Printed in Poland

1. Auflage 2023

ISBN 978-3-616-03198-9

www.dumontreise.de

RECHTS ODER LINKS? IMMER WISSEN, WO'S LANGGEHT!

» TOURENVERLAUF
GPX-Daten zum kostenlosen Download
www.dumontreise.de/radelzeit/leipzig

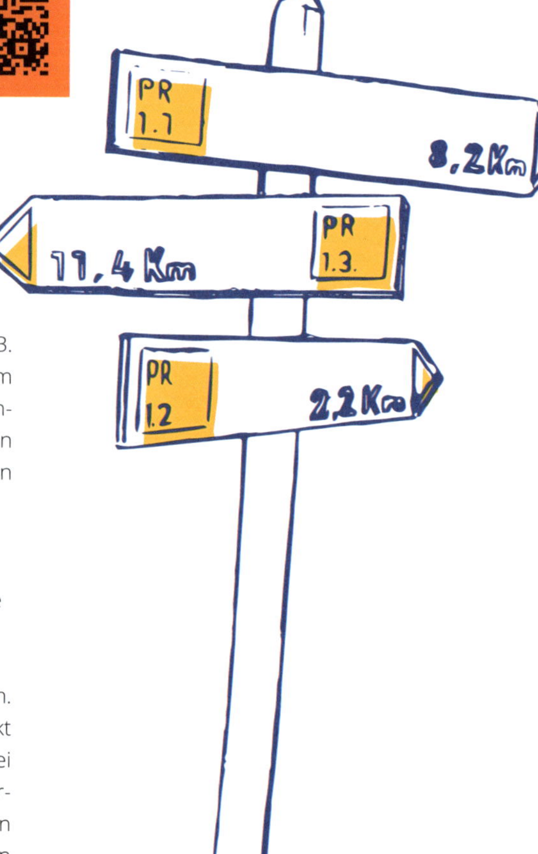

GPX-DOWNLOAD AUFS SMARTPHONE – SO GEHT'S

» **Voraussetzung:**
Eine Outdoor-App muss installiert sein, z. B. KOMPASS, Outdooractive oder Komoot. Zum Einlesen des QR-Codes benötigen ältere Android-Geräte eine QR-Code-App. Bei neueren Android- und iOS-Geräten ist diese Funktion in der Kamera integriert.

» **Daten downloaden:**

1. Den QR-Code einlesen oder die Webadresse im Browser eingeben, um auf die Radelzeit-Website zu gelangen.
2. Die gewünschte Tour zum Download anklicken.
3. Bei iOS-Geräten werden die GPX-Daten direkt mit der vorab installierten App verknüpft. Bei Android-Geräten muss ggf. noch ein Weiterleiten-Button geklickt werden (z. B. oben rechts im Display). Manche Apps zeigen den Tourverlauf starr an, andere haben eine Navigationsfunktion dabei.

PEGASUS

WEITERRADELN ...

ISBN 978-3-616-03197-2

ISBN 978-3-616-03195-8

ISBN 978-3-616-03189-7

ISBN 978-3-616-03196-5

ISBN 978-3-616-03188-0

Noch mehr Radelinspiration gibt's im gut sortierten Buchhandel und unter www.dumontreise.de

YOGA FÜR DAVOR UND DANACH

SCHMETTERLING

» Setze dich auf den Boden und lege die Unterseiten deiner Füße aneinander, indem du die Knie nach außen fallen lässt. Nun langsam, ohne viel Kraft, nach vorne lehnen und die Füße mit den Händen umschließen. Entspannt drei Minuten in der Position bleiben, langsam und tief durch die Nase ein- und ausatmen. Um die Übung zu verlassen, die Hände neben bzw. hinter den Körper legen, langsam ein Bein nach dem anderen ausstrecken und nach vorne bringen.

HÖR AUF DEIN HERZ

» Lege dich rücklings auf den Boden, ziehe die Knie an und stelle die Füße flach auf den Boden. Lass jetzt die Knie zur Seite fallen und bring die Fußsohlen zusammen. Lege eine Hand auf deinen Bauch und eine Hand in die Nähe deines Herzens. Schließe deine Augen, atme tief ein und aus und halte die Position mindestens 30 Sekunden lang.

KATZENBUCKEL

» Gehe auf alle viere, die Knie direkt unter der Hüfte. Handgelenke, Ellenbogen und Schultern liegen auf einer geraden Linie, die Arme sind gestreckt, der Kopf in Verlängerung des Rückens mit Blick nach unten. Mache mit dem Ausatmen den Rücken rund, der Kopf geht Richtung Boden, wird aber nicht auf die Brust gepresst. Während des Einatmens wandert dein Bauchnabel in Richtung Boden, hebe gleichzeitig den Kopf. Wiederhole die Übung mehrmals.

ZURÜCKGELEHNT

» Knie dich auf den Boden, mit den Oberseiten deiner Füße auf dem Boden. Bring die Knie zusammen, dein Gesäß geht langsam zum Boden, deine Füße rutschen zur Seite und kommen neben deinen Hüften zu liegen. Schiebe mit den Händen deine Oberschenkel nach innen, lehne dich zurück auf deine Unterarme und lege den Oberkörper langsam ab. Halte die Position für mindestens 30 Sekunden.

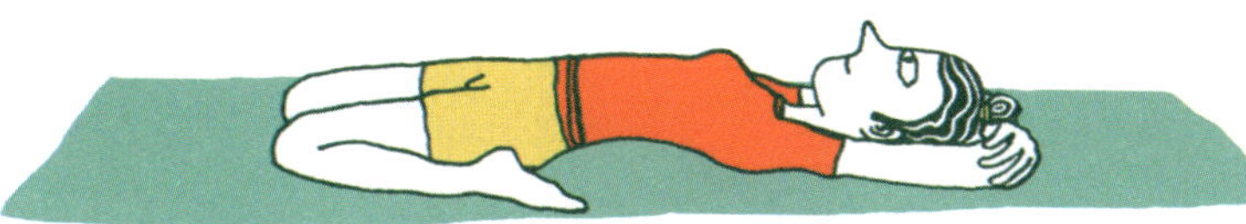

DIE PERFEKTE TOUR ...

#FÜR SONNENHUNGRIGE

Die ersten warmen Sonnenstrahlen des Jahres sind wie Ahoi-Brause für unsere Herzen. Rund um Kötzschau lassen sie sich besonders gut einfangen.

» **TOUR 20, S. 204**

#FÜR NEUGIERIGE

Ein Garten voller Geheimnisse, versteckte Hinterhöfe und Street-Art, so weit das Auge reicht – der Weg zum Kulkwitzer See ist voller Überraschungen.

» **TOUR 10, S. 104**

#FÜR WASSERRATTEN

Ob einsamer Badeplatz oder Nervenkitzel auf dem Bananaboat – am Hainer See kommen sowohl Ruhesuchende als auch Wassersportbegeisterte auf ihre Kosten.

» **TOUR 3, S. 34**

#FÜR LECKERMÄULER

Die Tour an den Cossi ist gespickt mit kulinarischen Stopps: Veganes am Zierlich Manierlich, Eis in der Marina und Burger am Beach der Hacienda Cospuden.

» **TOUR 7, S. 74**

#FÜR FAULE

Kurz, aber oho! Kaum Steigungen, dafür aber atemberaubende Seepanoramen – Grabschützer und Werbeliner See bieten Saisonradler:innen gemütliche Radelrouten.

» **TOUR 4, S. 44**